青鸟集

——以贵阳市花溪区实验中学教师专业
成长为案例的理论与实践专辑

编　著／陈桂兰

贵州大学出版社
Guizhou University Press

图书在版编目（ＣＩＰ）数据

青鸟集：以贵阳市花溪区实验中学教师专业成长为案例的
理论与实践专辑 / 陈桂兰编著. -- 贵阳：贵州大学出版社，
2022.8

ISBN 978-7-5691-0617-6

Ⅰ.①青… Ⅱ.①陈… Ⅲ.①中学教师－师资培养－
案例 Ⅳ.①G635.12

中国版本图书馆CIP数据核字（2022）第144710号

青鸟集——以贵阳市花溪区实验中学教师专业成长为案例的理论与实践专辑

编　著：陈桂兰

出 版 人：闵　军
责任编辑：杨　洋　吴亚微
装帧设计：沈钱利　陈　丽

出版发行：贵州大学出版社有限责任公司
　　　　　地址：贵阳市花溪区贵州大学北校区出版大楼
　　　　　邮编：550025　电话：0851-88291180
印　　刷：贵州思捷华彩印刷有限公司
开　　本：710毫米×1000毫米　1/16
印　　张：15
字　　数：222千字
版　　次：2022年8月第1版
印　　次：2022年8月第1次印刷

书　　号：ISBN 978-7-5691-0617-6
定　　价：48.00元

序

贵阳市花溪区实验中学陈桂兰校长请我为她新近编著的《青鸟集——以贵阳市花溪区实验中学教师专业成长为案例的理论与实践专辑》(简称《青鸟集》)写序,我毫不犹豫就应承了下来。2013年,陈桂兰校长被推评为贵阳市首批名校长及名校长工作室领衔人,开始了为期两届共六年的市级名校长工作室主持人工作,其间我给她工作室的成员、学员做过几次培训,所以对她工作室的"引领、互学、实践、成长"理念有所了解。2016年,陈校长被遴选为贵州省第一批初中名校长培养对象暨省名校长工作室主持人,并于2019年成为贵州省首批初中名校长。她聘请我作为她名校长工作室的顾问,并多次邀请我到她们学校开设讲座,与她们学校的教师及她工作室的成员进行教学交流座谈,因此我有幸看到了花溪区实验中学老师们的进步和变化,也见证了陈桂兰校长带领学校广大教师和名校长工作室成员,在开展课程改革、教学研究、帮扶兄弟学校等方面所取得的可喜成绩。《青鸟集》从不同侧面记录了学校教师的专业成长和学校的发展变化,勾勒了新时代教育人积极向上的感人形象。书的内容主要包括两个部分:第一部分是由陈桂兰校长本人撰写的教育教学研究论文、课题报告,以及在陈校长主导下学校制定的各项管理制度等;第二部分是由学校三十几位教师和工作室成员撰写的有关个人专业成长的文章,两个部分互证支撑,既能够在宏观上看到学校的办学理念、办学思路和管理制度,又能够从微观上看到教师个人对教育教学诸多问题的研究和思考。我读《青鸟集》中这些源于教育实践且有思考、有温度、有希望的文字,有以下两点感受。

第一，学校的发展离不开一个有教育情怀、教育理想并愿躬耕实践的校长的带领。"一个好的校长就是一所好学校。"办人民满意的教育，既需要学校广大教职员工的艰苦努力，也离不开一个素质高、能力强的校长的带领。陈桂兰作为一名中学校长，多年扎根教学第一线，从一名优秀的中学语文教师成长为一名在贵州省基础教育方面起引领、辐射、带动作用的省级名校长，可见其非常优秀。她善于学习，在繁忙的管理和教学工作之余，读书思考、听专家讲座、走访名校取经，汲取了许多教育的新理念，掌握了许多教学的新方法，使得她在学校管理和引导广大教师专业成长等方面，站得高，看得远，工作卓有成效。比如，在她的带领下，花溪区实验中学制定了各项管理制度。管理制度除学校常规工作制度外，还在校本教研活动、集体备课、听课评课、特色带教、网络教研、教研资料管理等方面做出了详备可行的规定，极具前瞻性，体现了学校领导班子和广大教师的集体智慧。我想，这些管理制度的制定，与陈桂兰校长全新的教育理念和对学校制度建设重要性的高位认识是分不开的，我们可以从她精心撰写的《笃学，向善——为每一个学生的美好未来发展奠基》《制度建设：学校管理有效性的基石》等文中得到印证。陈桂兰校长作为学校的领头人，不仅对学校的管理工作进行了顶层设计，而且还根据新课程理念对教学的诸多具体问题进行了探讨。如，她撰写的教研论文《焦点讨论法在语文阅读教学中的运用探究》，按照2022年版义务教育《语文课程标准》要求，结合课改精神对语文阅读教学中的"焦点讨论法"进行研究，阐述其在语文阅读教学中的作用和价值。她写道："在语文阅读教学实践活动中，教师运用焦点讨论法对学生阅读进行引导，能帮助学生更快、更好、更加深入地了解阅读内容；另一方面是通过教师对阅读问题的设计，使学生掌握阅读的方法和思路，进而在阅读学习中更好地理解知识、更好地和文本对话，创设学生主体阅读的情境，保障阅读教学效果，为提高学生阅读能力和阅读水平提供有效支持。"这些认识无疑是正确的，对中学语文教学具有极大的启示价值。再如《笃学，向善——为每一个学生的美好未来发展奠基》一文，以问题入手，不停地追问："我们为什么要办学校？孩子需要什么样的教育？什么样的教育适合学生？家长交给学校一个孩子，学校将交还给家长一个什么样的孩子？"这些追问都基于对教育本质的思考，即教育必须把培养人作为主要目标。苏联著名教育学家苏霍姆林斯基认为"教育——这首先是人学"，他说："不了解孩子——不了解他的发展、思想、兴趣、爱好、才能、禀赋、倾向，就谈不上教育。"苏霍姆林斯基的"人学"包含着他的一个重要判断："人是教育的最高价值。"他的教育理想是让每一个从他身边走出去的人都拥有终生幸福的精神生活。在这里，"人"不是抽象的，而是具体的；人的"幸福"不是一时的，而是一生的。陈桂兰校长受到苏霍姆林斯基等教育学家思想的启发，看到了学校教育的个体生命意义。她在论文中写道：人来到世上第一要解决的是其生存，而作为人类的生存必然包括人的发展，所以人只有学会生活、学会学习，才有发展。发展的多元化，造成我们现在学校教育方式和目标的多元化。单一的评价和缺少终极生命关怀是缺少个体生命意义上的教育。教育就是让学生成为一个自我生命的实现者，教师因学生的成长发展从而实现自身价值和发展。这些看法无疑同我国新时代的教育理念相吻合，并可从侧面看出陈桂兰校长善于学习和思考，善于把先进的教育理论运用于教育实践中。

第二，教师的专业成长离不开教师本人的学习和反思。《青鸟集》中除了收录陈桂兰校长撰写的文章外，还收录了三十多篇教师专业成长的文章，这些文章出自花溪区实验中学一线教师和工作室成员之手，讲的都是教师专业成长的真实故事，由于这些故事充满着对教育浓浓的深情和对学生真挚的爱，所以读起来亲切感人。这些篇幅长短不一的文章，是教师们长期学习反思的结果，闪烁着教育智慧的光辉。文章不仅让人看到了花溪区实验中学的教师们在专业成长道路上踏出的一个个坚实的脚印，而且从另一个侧面印证了学校科学化、精细化管理所取得的令人赞许的成效。我认为，教师的学习不是单纯地从理论出发，而是从经验出发的反思与重构。一个在一线工作的教师，积累了一定的教学经验，理论学习和对教育教学原理的掌握，都必须联系我们的教学实践经验去进行应有的反思。反思并非对他人思想不做辨析地认同，而是有所扬弃和有所批判。美国学者布鲁克菲德说过："如果不进行批判和反思，就会总是认为事情的对与错、是与非应该按专家说的算。于是，我们就永远只能从别人那里明白做任何事的意义，于是任何时候的教学都是在实现别人的思想。"贵阳市花溪区实验中学的教师们，在陈桂兰校长的带领下，边学习边实践，并不断反思和总结自己的教育教学工作，促进了自己的专业成长。

陈桂兰校长在基础教育的战线上工作近40年，积累了丰富的教育教学经验，她善于学习，不断探索，勇于创新，以研究的态度对待教育教学工作，在专业发展的道路上一步一个脚印地前行，从一个普通中学的语文教师成长为一名省级名校长。眼前这本凝结着她心血的《青鸟集》，既是她教育教学研究的成果，又是她几十年始终秉承"教育是爱的事业"的理念，把温暖的爱心献给孩子的明证。在中国，尤其在中国西部教育战线上，如果有更多像陈桂兰校长这样优秀的教育工作者存在，那么我们的基础教育将会做得更好。

是为序。

吴　俊

贵州省中学语文教学研究会会长、贵州师范学院教授

2022年7月

回望来时路，一起向未来

本书的结集出版，使我有机会对自己39年教育生涯进行回望和反思：20年中学语文教师的经历（1983—2003年），19年中学校长的任职经历（2003年至今）。这样的经历既单纯又复杂，说单纯是一直在学校，一直和学生在一起，从未离开也从未改变；说复杂是随社会变革、时代进步，教育需要在继承中不断地变革创新以迎接各种新的挑战。社会、时代、学生在"变"，而作为教师、学校的管理者是绝不能"以不变应万变"的。

岁月如歌，总希望能听到些回响，尽管我想把这近40年的教育之行完整记录、翔实叙写，但以我之笔力确实难以做到。今年恰逢我主持的省级名校长工作室专项课题《新时代教师队伍建设与专业化发展路径研究》（2018年立项）结题，于是我想借机把自己在教育教学实践中的一些研究和思考结集出版，也算是对我漫长的教育之旅的一个记录，哪怕只是对某一阶段、某个节点的记录，也能以点带面地凸显某种探索和思考；收录的三十几位教师撰写的成长案例放在书中，我在字里行间仿佛看到年轻时的自己亦如他们一样在徘徊、茫然，却又是如此努力，在憧憬中坚定地一步步前行。如是，《青鸟集》终于如期付梓，不禁欣然之至！

我能够将自己和老师们在教育实践过程中的点滴叙写汇编成集，首先要感谢贵州省教育厅、贵阳市教育局给予我一个普通的中学校长主持名校长工作室的机会和平台，使我在学校管理过程中得到了更多锻炼和提升能力的机会，也得到了与诸多同仁、优秀校长交流学习的机会，同时也促使了我对学校管理、教育教学实践更加深入的思考。2016年，我作为贵州省省级名校长培养对象，参加了教育部中学校长培训中心（以下简称"中心"）的培训，中心主任代蕊华教授是我受训时的导师，我要感谢他以及中心的老师们近四年来从教育理论到教育实践、从政策法规到学校管理等方面对我的专业指导。这些目标指向清晰而又系统严格的培训，帮助我对自我知识、履职能力、综合素养等方面的认识和调整更加及时和明确，对如何做一名合格的校长、如何做一名优秀的校长有了更为笃定的意愿和行动。

我要感谢我领衔的省市级名校长工作室的专家顾问王丽华校长。我和王丽华校长的结缘始于2016年教育部"老校长下乡（校）工程"，我作为市级名校长带领贵阳市花溪区实验中学的骨干教师承担了对这项工程的支持工作。在2016年至2019年和王校长一起帮扶清镇市麦格民族中学的3年时间里，我从她那里看到了一个教育人执着的教育情怀——"被需要是一种幸福！"已经退休的王丽华校长带着这种情怀热心地、不计回报地指导着清镇麦格民族中学的教育教学及学校管理。她的行动深深地打动和感染着我以及我们学校的老师们。她的《做有根的教育》的培训让工作室的老师们感触颇深：把根扎在中国教育的大地上，扎在学校的课堂中，脚踏实地、仰望星空、扎扎实实地走好教书育人的每一步。我要感谢贵州师范学院的吴俊教授。从我初任校长时请他给学校老师们做培训的毫不推辞，到聘请他为我工作室的专家顾问对我们进行指导，直至最近听我说《青鸟集》即将付梓时爽快应允作序，可以说他见证了我作为一名普通的语文老师、校长的成长经历，并一直给予了我极大的支持与鼓励。

最后，我要特别感谢贵阳市花溪区实验中学这个笃学向善、团结奉献的团队。感谢张昌彦老师对文稿进行收集、整理付出的时间和心血！感谢叶建老师对部分文稿认真细致的审核、校对！感谢参与省级专项课题《新时代教师队伍建设与专业化发展路径研究》的老师们，正是有你们认真的过程性研究，结题报告才能如期完成提交，课题才能得以顺利结项！感谢为本书提供教师专业成长案例的积极向上、勤勉工作的老师们，相信多年后你们再细读这些文字，那个曾经一心为教育而生机勃勃成长的你一定会脱颖而出，不会让为人之师的你惭愧！再次衷心感谢各位老师们的辛劳与付出！

本书的成长案例提供者有以下老师（以姓氏音序为序）：

柴裕江、邓杨慧、符可培、范美菊、高宇、何应萍、黄瑞、姬晓佼、吕烜、陆晶晶、李孟起、李姝蓉、罗蘭、刘艳、宋丽、沈剑、佘丹丹、吴林勇、王华叶、夏金亮、徐荣、杨斯麟、杨通华、叶建、朱路、张小丹、朱真、张昌彦、周林华、向静、谢欢欢。

一起向前走，感谢同行，感谢成长！

教育是面向未来的事业，为党育人，为国育才，永远不要忘记我们是为了什么而出发。

陈桂兰

2022 年 7 月

目　录

理论探索篇

制度建设篇

实践成长篇

理论探索篇

贵州省教育科学规划课题（名师名校长工作室建设专项）

结题验收申请·审批书

课题批准号：黔教办师〔2018〕114号

课 题 名 称：新时代教师队伍建设与专业化发展的路径研究

课题负责人：陈桂兰

所 在 单 位：贵阳市花溪区实验中学

填 表 日 期：2022年4月

贵州省教育科学规划领导小组办公室

2017年4月修订

声　明

本申请验收的研究成果不存在知识产权争议。贵州省教育科学规划领导小组办公室保护作者的知识产权，拥有宣传介绍、推广应用本成果的权力。特此声明。

课题负责人（签章）

年　月　日

填表说明

一、本表仅适用于贵州省教育科学规划课题（名师名校长建设专项）的结题验收。

二、按照有关规定认真如实地填写表内栏目。无内容填写的栏目可空白；所填栏目不够用时可加附页。

三、"工作报告"及"研究报告"的写法和要求见该栏目的"内容提示"或相关要求。

四、课题研究完成后直接向结题验收组织单位报送鉴定材料2套（审核、存档用），每套材料包括：课题立项通知书、《课题申请·评审书》、开题报告、中期报告、《结题验收申请·审批书》、《专家验收意见》、成果主件（研究报告）、成果附件（专著、已发表的系列研究论文）、相关证明（领导批示、获奖情况、媒体报道及被决策采纳等的证明文件）、重要变更的申请及获准批复。除专著外，每套结题验收材料必须统一装订成册。

五、贵州省教育科学规划领导小组办公室通讯地址：贵阳市观山湖区金朱东路162号，邮政编码：550011。

六、请将本《结题验收申请·审批书》及课题成果主件（研究报告）的电子版发至电子信箱

联系人：

联系电话：

一、基本情况

课题名称		新时代教师队伍建设与专业化发展的路径研究						
负责人信息	姓名	陈桂兰	性别	女	民族	汉	出生日期	1964 年 3 月
	工作单位	贵阳市花溪区实验中学						
	行政职务	校长	专业职称		高级教师		所属系统	中学
	通讯地址	贵阳市花溪区经开片区珠江路 21 号				邮编		550009
	联系电话	18685103598			电子邮箱		1486853518@qq.com	

课题组成员				
编号	姓名	工作单位	职务职称	承担的主要任务
01	张昌彦	贵阳市花溪区实验中学	副校长 高级教师	学校教科研工作促教师专业化发展行动研究
02	吕烜	贵阳市花溪区实验中学	副校长 中级教师	学校教学常规促教师专业化发展行动研究
03	叶建	贵阳市花溪区实验中学	副校长 高级教师	工作室教师专业化发展行动研究
04	龙黔	贵阳市花溪区教育培训研究中心	教研员 中级教师	地理学科教师专业发展行动研究
05	王洪群	贵阳市花溪区第一中学	高级教师	工作室教师专业化发展行动研究
06	雷剑	贵阳市花溪区教育培训研究中心	党支部书记 正高级教师	工作室教师专业化发展行动研究
07	吴林勇	贵阳市花溪区实验中学	物理教研组长 正高级教师	工作室教师专业化发展行动研究

二、提交验收的成果简介

成果简介（研究报告）	课题研究的目标是通过研究，全面提高学校教师队伍的整体素养，研究的内容主要是教师队伍建设与专业化发展的方法与策略，重点研究怎样在教科研活动中提高教师的专业水平，完善学校教师专业发展路径，需要突破的难点是教师学习力的培养和提升。 校长是学校教师队伍的领头人，校长在抓好学校教师队伍建设中的关键性地位和作用是毋庸置疑的。为了真正落实党中央关于加强教师队伍建设的精神，践行《中小学教师专业标准》（试行），我们通过学习相关的文件和论著，开展了一系列实践研究和交流。 一、研究中的发现 1. 教师是否有正确的育人观、质量观，以及是否有公平意识，是落实立德树人任务的根本和关键。 2. 促进教师专业成长需科学规划、持续培训、长期坚持学习。 二、教师专业成长的路径 1. 教师专业成长之"道"与"术" （1）人民教师之"道"：践行党的教育方针，为党育人、为国育才；要树立正确的教育观、价值观；同时要有教育情怀、家国情怀……教师要提升格局、境界、视野。 （2）人民教师之"术"：勤于钻研、乐于学习、久久为功、教学有方、专业精湛且不断成长与超越自我……教师要成为终身学习者。 2. 教育教学常规之"常"与"长" "常"：常态——底线思维 "长"：长期——持续状态
成果附件（专著、已发表的研究论文）	《笃学，向善——为每一个学生的美好未来发展奠基》（陈桂兰） 《我们一起去旅行》（张昌彦） 《化简求值考点分析》（叶建） 《基于现代教育技术的智慧与教学——大数据背景下利用物理微课进行翻转课堂的实践成果》（吴林勇） 《初中英语试卷讲评课探讨》（雷剑）

三、重要变更情况登记（课题负责人及成员、课题名称、研究内容、成果形式、管理单位、完成时间等）

变更的原因	变更的内容	上报备案时间	批复情况
工作变动	课题组员：麻岚、康鸿伟、王兴春、文勇退出 加入的新成员：叶建、吴林勇、王洪群		

四、结题验收建议回避的专家名单

课题组可提出可能影响评价公正性的专家，建议回避验收本成果，并说明理由；建议回避验收的专家人数不得超过 2 人。			
姓名	单位	职称	建议回避验收的理由

五、结题报告（不超过2000字）

内容提示：研究的主要过程和活动；研究计划执行情况；成果的出版、发表情况，采纳、转载、引用、实践情况等。

新时代教师队伍建设与专业化发展的路径研究

——贵州省名校长工作室引领下的教师成长案例研究

一、课题研究的过程

本课题的研究从 2018 年 9 月开始，于 2022 年 4 月结束，参与研究的人员有陈桂兰、张昌彦、雷剑、麻岚、文勇、王兴春、吕烜、康鸿伟、肖青、龙黔，共计十人；2020 年，课题参与人员变更为陈桂兰、张昌彦、吕烜、叶建、龙黔、王洪群、雷剑、吴林勇，共计八人。

课题研究的目标是通过研究，全面提高学校教师队伍的整体素养，研究的内容主要是教师队伍建设与专业化发展的方法与策略，重点研究怎样在教科研活动中提高教师的专业水平，完善学校教师专业发展路径，需要突破的难点是教师学习力的培养和提升。

校长是学校教师队伍的领头人，校长在抓好学校教师队伍建设中的关键性地位和作用是毋庸置疑的。为了真正落实党中央关于加强教师队伍建设的精神，践行《中小学教师专业标准》（试行），我们通过学习相关的文件和论著，开展了一系列的实践研究和交流学习以进行课题研究，主要过程如下：

第一阶段 2018 年 9 月——2019 年 7 月

课题组通过学习相关理论，为课题研究提供相关的理论基础。

第二阶段 2019 年 8 月——2021 年 12 月

在总结过去和他人经验的基础上提高、创新地开展课题研究，并将初步的经验总结在课题组成员的学校予以实施，通过对实践信息的收集、实践中典型个案的分析，从而找出促进教师专业发展的路径。

第三阶段 2022 年 1 月—4 月

（一）研究中的发现

1. 教师是否有正确的育人观、质量观，以及是否有公平意识，是落实立德树人任务的根本和关键。

2.促进教师专业成长需科学规划、持续培训、长期坚持学习。

（二）教师专业成长的路径

1.教师专业成长之"道"与"术"

（1）人民教师之"道"：践行党的教育方针，为党育人、为国育才；要树立正确的教育观、价值观；同时要有教育情怀、家国情怀……教师要提升格局、境界、视野。

（2）人民教师之"术"：勤于钻研、乐于学习、久久为功、教学有方、专业精湛且不断成长与超越自我……教师要成为终身学习者。

2.教育教学常规之"常"与"长"

"常"：常态——底线思维

"长"：长期——持续状态

二、研究反思及今后设想

通过对教师的培养给学校带来了一些变化，以贵阳市花溪区实验中学为例，该校英语与体育学科的发展比较突出。而另一方面，在数学学科和语文学科尽管个别教师有发展性的表现，但是整体学科组的发展与进步并不显著，其学科带头作用的表现不够理想。

在教学发展方面，学校在科技创新上还处于"0"成果的表现，这与相应的学科创造力发展没有突破有直接关系，从中也体现了在学科教学核心素养上没有得到发展与突破。

所以，在今后的实践过程中教师队伍提升的策略需要进行相关调整。在教师培养方面要突出学科研究，教师队伍素养提升向着研究型教师发展方向进行。在教育教学管理方面，需要提升管理的科学性与主动性，要在管理中体现动态管理与多层次、多维度管理。

在教师队伍建设方面，学校要把党的十九大提出的"加强师德师风建设，培养高素养教师队伍"落实在教育教学及学校管理的过程中，通过各级各类名师名校长工作室及骨干教师的引领辐射带动，促进教师专业成长，以"强师"推动教育的优质、均衡的发展。

六、研究报告（不少于2万字）

研究报告是课题立项单位向外界公开课题研究成果的文件，是课题验收的成果主件，需单独装订，不填写在此表中。

七、课题负责人所在单位审核意见

内容提示：成果是否达到结题验收要求；课题管理是否符合规定。是否同意验收，验收所需经费是否有保证。

公章负责人签名：

年　月　日

八、市（州）教育局、省直管县（市）、高校意见

内容提示：是否同意报贵州省教育科学规划领导小组验收或其他意见。

公章负责人签名：

年　月　日

九、贵州省教育科学规划领导小组办公室验收、审批意见

公章负责人签名：

年　月　日

贵州省教育科学规划课题（名师名校长工作室建设专项）

结题验收意见表

课题名称					
成果名称			成果形式		
课题负责人		所在单位			
课题编号		课题类别		所属学科	
鉴定组专家	姓名	职务／职称	研究专长	工作单位	

验收意见

（提示：建议专家主要从以下几个方面进行评定。1. 课题研究是否完成方案设计的目标、任务；2. 课题研究取得的主要成果；3. 成果的理论价值和实践意义及创新点；4. 问题和建议；5. 结论。如出现下列情况之一者，不能通过鉴定：1. 存在政治问题；2. 研究内容偏离主题；结构散乱、分析不深入，停留在浅表认识；3. 没有完成方案设计的研究及相关任务；4. 研究基本结论错误；5. 引文不规范、错漏现象严重、有抄袭剽窃等学术不端行为。）

　　　验收组组长签字：
　　　验收组成员签字：

　　　　　　　　　　　　　　　　　　　　　　　　　　　　年　月　日

验收结论	通过□　　　不通过□

课题组成果统计一览表

序号	作者	成果形式	成果名称	出版单位／发表刊物	刊物级别（CSSCI／核心）	出版时间／刊物期号	转载	获奖情况	决策采纳
1	陈桂兰	论文	笃学，向善——为每一个学生的美好未来发展奠基	立德树人春华秋实——贵阳市第二批"三名工程"成果集		2019年12月			
2	陈桂兰	讲座	福建同安《教师的专业现状与成长》			2021年06月30日			
3	陈桂兰	讲座	贵州省教育科学院《新形势下的中学常规管理》			2020年09月30日			
4	陈桂兰	讲座	贵州省教育科学院教育视导			2020年11月05日			
5	陈桂兰	讲座	贵州省教育科学院《学校常规管理在校长的问题导向意识与管理的有效性关联》			2020年11月01日			
6	陈桂兰	讲座	国培计划（2021）《目标、问题、学习力》			2021年09年16日			
7	陈桂兰	讲座	国培计划（2020）《学校教师专业成长》			2020年12月01日			
8	陈桂兰	讲座	贵阳市《用心用情用智慧——打造教师队伍提升学校软实力》			2018年12月25日			

序号	作者	成果形式	成果名称	出版单位／发表刊物	刊物级别（CSSCI／核心）	出版时间／刊物期号	转载	获奖情况	决策采纳
9	陈桂兰	讲座	贵阳市《用心做教育》			2018年11月15日			
10	张昌彦	论文	我们一起去旅行	《初中生辅导》		2018年11月第3期总第835期			
11	叶建	论文	《化简求值》考点分析	《初中生辅导》		2020年10月第29期			
12	龙黔	论文	提高初中地理教学的有效性策略	成都传媒集团／时代教育		2019年10月号			
13	龙黔	论文	提高初中生地理读图能力的有效策略	中国人民大学／教学与研究		2020年第28期			
14	龙黔	论文	初中地理教学中学生读图能力的培养	济南出版有限公司／当代教育家		2021年11期			
15	龙黔	指导教师获奖				2021年5月		指导教师在贵阳市第七届初中优质课评比获评二等奖2名	
16	龙黔	指导教师获奖				2021年3月		指导教师在贵阳市初中教师第四届教学技能评比一等奖1名、二等奖1名	

序号	作者	成果形式	成果名称	出版单位／发表刊物	刊物级别（CSSCI／核心）	出版时间／刊物期号	转载	获奖情况	决策采纳
17	龙 黔	指导教师获奖				2019年12月24日		指导教师在贵阳市初中学段首届乡村教师优质课评比三等奖2名	
18	龙 黔	指导教师获奖				2021年10月		初中教师说课比赛市级二等奖2名	
19	龙 黔	讲座	镇宁县教育结对帮扶教研活动地理学科专题讲座			2019年4月			
20	龙 黔	讲座	罗甸县教育结对帮扶教研活动地理学科专题讲座			2020年5月			
21	龙 黔	讲座	罗甸县教育结对帮扶教研活动地理学科专题讲座			2020年8月			
22	雷 剑	编著	贵州阳光英语阅读与写作·九年级	南方出版社		2018年7月			
23	雷 剑	编著	地道中考·英语	贵州人民出版社		2019年3月			
24	雷 剑	编著	初中英语话题阅读·八年级	河北科学技术出版社		2019年8月			
25	雷 剑	编著	初中英语话题阅读·七年级	河北科学技术出版社		2019年8月			
26	雷 剑	编著	考点设计	光明日报出版社		2019年10月			

序号	作者	成果形式	成果名称	出版单位/发表刊物	刊物级别（CSSCI/核心）	出版时间/刊物期号	转载	获奖情况	决策采纳
27	雷　剑	编著	夺冠百分百新导学·课时练	河北少年儿童出版社	ISBN	2019年8月			
28	雷　剑	编著	阳光中考英语·贵阳中考标靶密卷	南方出版社		2020年7月			
29	雷　剑	编著	阳光中考英语·贵阳中考标靶密卷	南方出版社		2020年12月			
30	雷　剑	编著	架构中考·英语	长江出版社		2021年11月			
31	雷　剑	论文	试析初中英语课堂教学的有效性	南北桥		2018年3月		一等奖	
32	雷　剑	论文	关于网络信息化学习提高英语高效课堂教学的研究	课程教育研究		2019年8月			
33	雷　剑	论文	初中英语小组合作学习中出现的问题及应对策略	中华传奇		2019年8月			
34	雷　剑	论文	初中英语试卷讲评课探讨	立德树人春华秋实——贵阳市第二批"三名工程"成果集		2019年12月			

1. "成果形式"请注明为论文、编著、专著或教材。

2. "获奖情况"请填写政府部门颁发的、奖励，奖项名称应与课题名称对应。

3. "决策采纳"指被县市级以上党政部门完整采纳吸收，并附有基本材料和相关证明。

新时代教师队伍建设与专业化发展的路径研究

课题研究报告

贵阳市花溪区实验中学

二〇二二年五月

新时代教师队伍建设与专业化发展的路径研究

课题研究报告

陈桂兰

贵州省初中名校长工作室

摘要： 我国教育事业在迈进新阶段的同时，对新时代教师队伍的建设提出了专业化发展的新要求。新时代教师队伍专业化发展面临着诸多问题，因此，传统的教师培养模式亟须寻求新的专业化发展路径。贵阳市花溪区实验中学依托其创设的名校长工作室，从教师主体性的构建、教学转化能力的培养以及教育共同体的建设等方面，逐步研究新时代教师队伍建设与专业化发展的实践路径，探索出一条符合新时代教师队伍专业化发展的贵州实践和校本化路径，并为我省教师队伍的专业化发展提供路径支持和引领作用。

关键词： 新时代教师队伍建设；专业化发展；校本化路径

一、研究背景、目标和意义

1. 研究背景

百年大计，以教育为本；教育大计，以教师为本。教师是教育事业发展的基础，是提高教育质量、办好人民满意教育的关键。目前，我国教育的总体发展水平进入了世界中上行列，各级各类教育普及程度均达到或超过中高收入国家的平均水平，区域、城乡教育差距进一步缩小，人民群众教育获得感不断增强。但当前我国教师队伍整体素质有待提高，队伍结构不尽合理，教师管理体制机制有待完善，中小学教师职业吸引力亟待提升。在我国九年义务教育的大背景下，基础教育是我国教育的基础，教师是基础的基础。我们必须构建一支以习近平新时代中国特色社会主义思想为指引的新时代教师队伍，紧扣教育发展和教师队伍建设的发展要求，培养新时代高素质、专业化的教师队伍，推动我国教育事业的高质量发展。

近年来，为促进教育与我国高质量发展要求相适应，党和国家对教育事业的发展给予了高度重视，出台了一系列关于新时代教师队伍改革的意见。2012年，中共中央印发了《国务院关于加强教师队伍建设的意见》；2013年，教育部印发了《义务教育学校校长专业标准》的通知；2018年，中共中央、国务院印发了《关于全面深化新时代教师队伍建设改革的意见》。习近平总书记在全国教育大会的讲话中指出："面对新时代新形势对教育提出的新的更高要求，面对建设社会主义现代化强国对教师队伍能力和水平提出的新的更高要求，我们必须从战略高度认识加强教师队伍建设的重大意义，坚持把教师队伍建设作为基础工作，引导教师做有理想信念、有道德情操、有扎实学识、有仁爱之心的好老师，做学生锤炼品格、学习知识、创新思维、奉献祖国的引路人，致力于建设一支高素质专业化教师队伍。"这些意见旨在夯实经济社会发展和国民素质提升的根基、培养更多适应高质量发展的各类人才。

坚持社会主义办学方向，必须持续关注并贯彻党和国家的教育方针政策，针对具体问题具体分析，并不断提升新时代对教师队伍建设的新要求。为了提升基础教育教师队伍的质量，对新时代教师队伍建设路径展开探讨。本文基于党和国家的教育方针政策对强化教师队伍的战略要求与意义，阐述了教师队伍建设的核心是建设一支新时代专业化发展的教师队伍，而完成该路径的前提则是完善教师教育体系建设，提高基础教育教师的社会地位，强化基础教育教师的师德建设，从而提高教师的职业水平，培养出高质量、专业化、高素质的新时代教师队伍。

1.1 高素质教师队伍是教育发展的题中之义

教师是推动教育事业发展的关键性资源。在 21 世纪，人们对美好生活的追求愈发强烈，也愈凸显了知识与人才的重要性。从 1985 年以来，我国教师队伍建设经历了合格型教师队伍建设阶段、素质型教师队伍建设阶段，以及专业型教师队伍建设阶段，再到如今的高素质和专业化发展的新型教师队伍建设阶段，体现出教师是教育事业发展的主要推动力，教师队伍建设是教育发展的重要任务。当前，我国教师队伍不论是在人员规模，还是在队伍质量上都取得了重大成就。基础教育作为国民教育体系中最重要的组成部分，其关乎人们的切身利益。然而，面对我国当前"高质量发展"的目标，以及人民群众对教育的更高需求，教师必须以更高的要求、标准和目标来推进我国教育事业的发展，以有效回应党和国家对教师队伍创新改革的举措。优秀教师不仅是教育发展的关键，更是学生成长道路上的重要塑造者。我们必须顺应新时代对教师队伍建设的新要求，做到在思想上坚持以立德树人为指导，行动上以教书育人为天职，举措上以管理保障促发展，全方位促进新时代教师队伍建设与专业化发展的有效转型。

建设高质量教师队伍以实现教育现代化，已成为提高教育质量的重要举措。提高教育质量的关键在于提高教师自身素质，教师高素质的发展有利于打造高质量的教师队伍。而初级中学教师作为基础教育的主体，在教育事业发展体系中占据着先导性地位，是推动教育事业发展的重要条件，其自身素质水平已成为影响教育质量的关键因素。所以，为造就党和人民满意的教师队伍，落实立德树人的根本任务，培养德智体美劳全面发展的社会主义建设者和接班人，从而全面提升国民素质和人力资源质量，加快教育现代化，建设教育强国，办好人民满意的教育，因此，培养高素质的教师队伍乃是教育发展的题中之义。

1.2 教师专业化发展是基础教育发展的关键

促进教师专业化发展是基础教育改革的关键，有利于为我国实现教育现代化输送高质量的人才。《中国学生发展核心素养》明确了"21世纪应该培养学生什么样的品格与能力"，新时代的教师需深入研究学科模式的构建，提升专业水平以提升教师的学科课程的整合能力，学习并掌握教学内容信息化，坚持进行有效的教学反思并能转化为教育教学科学研究的成果，而教师培养这些能力其最终目的都是为了深入开展对学生学习方式、学习体验的研究，培养学生良好的品格和学习能力，促进我国基础教育的发展。换言之，基础教育发展要求教师不断提升专门训练和终身学习的能力，逐步习得教育专业的知识与技能，并在教育专业实践中不断提高自身的从教素养，成为教育专业工作者，从而提高基础教育的整体生源素质和质量。

教师专业化发展之战略对新时代培养学生素养具有重要意义。人们常说，"兴趣是最好的老师"，而毋宁说培养学生习得一种好的兴趣是开启教育密码的关键钥匙。一名具备成熟的专业素养的中学教师，更具有引导和激发学生对学习的热情的能力和方法，同时也更有耐心地关注学生的学习意愿，从而激发学生对一门学科的兴趣并使之成为自己的学术理想和研究方向，帮助学生健康成长。

教师专业化发展之战略对新时代培养发展强校目标具有重要意义。教师的专业水平和教学效果相辅相成，具备熟练的专业技能的教师更能助益教育水平和效能的提高。对于学校而言，教师素质越好，学生的素养就越高，学校的教育质量也就越高，从而在更大范围内提高学校的声誉，吸收到更好的生源质量。

一个学校如果没有优秀的教师团队，学生的成长和发展只能是空谈，可以说，教师团队是任何教育改革中必不可少的关键要素。因此，拥有一批在全省乃至于全国专业化水平较高的教师队伍对促进学生的健康成长是极为重要的，其也是学校可持续发展的战略性问题，更是促进基础教育改革的关键。

1.3 名校长工作室是教师专业成长的重要载体

目前我国教师专业化的综合发展已经到了一个瓶颈阶段，教师专业化存在的结构单一、功能性不足、师生联系不够等问题，都是当下亟需解决的重要问题。此外，伴随着我国教育现代化进程的逐步加快，在全国各地大中小学校建设名师工作室已成为必然趋势，而相比于高等院校、专科院校，初级中学是基础教育的重要部分，其教学的受众群体正处于发散性思维的关键阶段，应该更注重教师对学生核心素养的培养。本课题基于对贵阳市花溪区实验中学的实地考察与调研，通过名校长工作室的平台，针对教师队伍专业化发展的问题与现状制定了相关措施，采取了相关理念，有力地推动了师资队伍建设的成长与发展。名校长工作室的作用是学校可以依托该平台设置相关的制度与规定，在一定范围内展示、引导、辐射教师，以培养具有高尚的道德操守、渊博的知识、执着的教学责任、熟练的教学技能和良好的教学声誉的优秀教师，进而培养高素质、全面发展的学生。例如，名校长工作室平台通过引领各成员开展课题实践研究，夯实教学成果，并在此基础上讨论探究如何进一步发挥教学优势；名校长工作室还可以调动相关教师培训机构的资源，加强教师专业化水平的培训，培养出全面性的培养学生全面发展的骨干型教师人才；名校长工作室还可以通过"引培结合"，新老教师一起成长、互取经验，针对当代教育的最新学生培育理念，共同制定出更加准确、效果显著的学生培养方案，等等。名校长工作室的建设发挥着在理论上引领、在制度上超越和在实践上更深入的主导作用，通过这三个方面的建设更能促使教师自身素养的提升，从而才能更加关注学生的成长，同时也促进教师专业成长。只有帮助教师从新手教师、骨干教师向专家型教师的成长，才能有效培养学生的核心素养，从而实现教育教学从量到质的转变。

2. 研究目标

伴随着我国教育的发展，教师的基础化发展显然已不能占领教学高地，贯彻教学的全方位培养和发展人才的战略和方针。在中小学的基础教育阶段中，对教师队伍的建设要提出专业化发展的要求，专业化发展是建设高素质教师队伍的必经之路。本课题拟实现教师队伍的专业化发展的目标有以下几项内容与措施：

（1）探析如何提升教师队伍的整体素养的校本化路径

①加强学校教师管理和职业道德建设

②提高教师教育教学能力

③探索完善学校教师专业发展路径

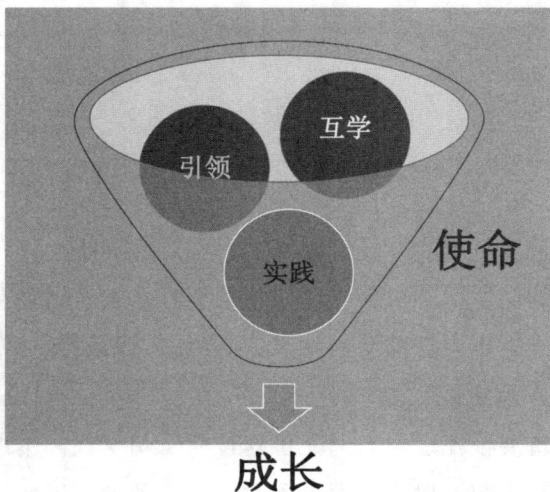

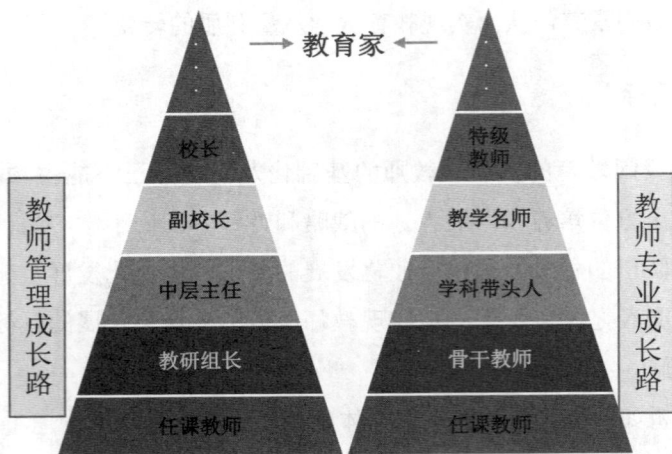

（2）研究初级中学教师队伍专业化发展的现实路径该如何开展与实施。

（3）探析如何将花溪实验中学教师队伍专业化发展特定案例推广成为贵州实践的范例。

3. 研究意义

3.1 理论意义

教师是立教之本、兴教之源，教师是教育发展的第一资源，没有高素质、专业化的教师队伍就不可能有高质量的教育。本课题针对新时代对教师队伍建设的新要求提出了教师队伍建设的必由之路是专业化发展，而教师队伍要达到专业化发展主要通过以下三个路径：教师队伍建设的校本化路径、名师工作室作为重要依托以及教师队伍建设的贵州实践。本课题以这三条路径作为研究的重点内容，以点带面，探索出了一条具有贵州特色的新时代教师队伍成长路径。以在花溪区实验中学的教师队伍存在的基本问题为基点，找出病根，对症下药。为教师队伍的建设探索出一条可行之路，并在此基础上结合贵州教育背景的具体内容，在实践中找出一条符合贵州教师队伍专业化发展的道路。

课题组成员也在名校长工作室的引领下，在专业化发展领域获得了一些成就。例如，在期刊平台上发表相关学术成果，编撰相关著作以分享本校建设新时代教师队伍的经验与资源；还在本校制定一些相关制度与规定，推动教师不断提升专业技能；以本课题的名校长工作室为依托，打造和建设一系列的名师工作室，带动一批新的年轻教师投入到发展教师队伍专业化的道路上来，等等。这些成果与成就显著地标明了我校教师队伍建设的步伐。总体而言，本课题的研究与实践有利于工作室成员校与学员校校长总结教师队伍建设、促教师专业化发展的经验；有利于促进师德高尚、业务精湛、充满活力的高素质专业化教师队伍的形成；有利于提升校长的专业素养，建设高素质的校长队伍。

3.2 现实意义

随着经济发展和社会分工专业化的日益加速，基础教育发展对教师队伍专业化建设提出了更高的要求。在这样的时代和理论背景下，探讨新时代教师队伍建设与专业化发展的路径研究具有很强的现实意义。

教师队伍建设是提高人才培养质量的关键，是中小学校基础教育高质量发展的核心要素。为了促进教育的进步，教师就要满足时代的发展需求，有专业的理论知识和技能，以此为学生提供更优质的教学内容。

本课题以中小学校的教师队伍为对象，在分析基础教育教师专业化维度的基础上，以如何实现教师专业化发展的校本化路径、如何打造教师专业化发展的重要依托以及教师专业化发展的贵州实践三个方面为研究内容，为中小学教师队伍建设提供有力的理论论证和实践上的支撑。

二、理论基础与研究设计

1. 理论基础

教师专业化发展能提高新时代教师的教学技能与交往能力，而相关专业理论知识素养的培训活动，能提高教师的主动参与度。因此，中国化马克思主义的教育思想，以及发展性教师评价对研究地方中小学教育发展具有重要的指导意义。

1.1 马克思主义中国化的教育思想

将马克思主义基本原理同中国的具体实际相结合是中国取得成功的关键。在我国教育发展的历史进程中，历代领导人在运用马克思主义中国化助推教育发展方面做出了重要的贡献。

在毛泽东的许多著作中既体现了其对经典理论的内在发展，也展示出了他极富智慧的教育实践经验，其主要教育观可以概括为：一是重视人的全面发展，早在五四运动之前，毛泽东就明确提出了"三育并重"的表述；二是注重教育与生产劳动相结合；三是坚持走群众路线的教育观，为民服务、为民谋利的思想始终贯穿于毛泽东教育观的主线。在十一届三中全会后，邓小平曾提出：科教结合、优先发展教育、"三个面向"、"四有"新人和教育改革等思想，在邓小平的指导下，我国先后出台了《义务教育法》《教师法》《教育法》，这同时也标志着邓小平的教育思想走向了成熟。伴随着知识经济的到来，以江泽民为核心的党的第三代中央领导集体也认识到教育在促进经济、科技、社会发展中的重要战略作用，并经过理论发展和实际需要形成了较为系统的教育理论。胡锦涛总书记继承和发展了毛泽东、邓小平、江泽民的教育观，根据国际形势的新格局和国内发展的基本情况，对我国存在的教育问题对症下药。自党的十八大以来，习近平总书记提出以"立德树人"为根本任务的教育发展新思想、新观点、新要求。这些新思想、新观点、新要求具有时代性、全局性、全面性的本质特点。

1.2 教师专业发展阶段理论

20世纪80年代后，以英国为首的发达国家开始逐步推行发展性教师评价。其目的在于满足教师个人的专业发展，更好地契合教师的个人规划以及教师个人需求。教师的专业发展是一个动态的变化过程，在每一个发展阶段，其专业信念、专业需求、教学关注和教学行为等都会呈现出某些变化特征。教师发展理论的早期研究者——美国学者费朗斯·富勒（Fuller，1969）认为，教师在成长过程中是依据一定的次序更进的。他主张教师的发展主要是由外在力量（包括环境与他人、学校教育与训练等）发挥作用的，这种教育理论被称为"外铄论"。无论在中国还是在西方，目前教师教育制度和实践都隐含着这种教师发展的理念观。

2. 研究设计

2.1 概念界定

展开研究的基础离不开对理论基础的选择以及对于相关核心概念的界定。根据研究内容的主旨，本小节将选取论文所涉及的三个核心概念进行界定并进行相关阐述。

2.2 新时代

新时代这一概念具备丰富的科学依据以及理论创新成果。党的十九大对这一重大时代课题做出了及时回应，也对社会主要矛盾的"事实转变"做出了新的理论概括："中国特色社会主义进入新时代，我国社会主要矛盾已经转化为人民日益增长的美好生活需要和不平衡不充分的发展之间的矛盾。"进入新时代，意味着我国教育事业站在了新的历史起点，但同时也意味着教育事业迎来了新的要求与挑战。《国家中长期教育改革与发展规划纲要》指出："百年大计，教育为本。教育是民族振兴、社会进步的基石，是提高国民素质、促进人的全面发展的根本途径。"党的十九大报告提出要让每个孩子"享有公平而有质量的教育"，在《关于全面深化新时代教师队伍建设改革的意见》（2018 年 1 月 20 日）中，提出要建设"高素质专业化创新型的教师队伍"。其内容指出新时代教师的使命是"传播知识，传播思想，传播真理！"新时代教师的责任是"塑造灵魂，塑造生命，塑造新人！"新时代教师的地位是"教育发展的第一资源，是国家富强、民族振兴、人民幸福的重要基石！"因此，全面评估新时代教师专业化发展，深度研究教师专业化发展对新时代教师教育改革的价值，是教师专业化发展的关键所在。

本课题即在新时代背景下研究教师队伍建设与专业化发展的路径，为地方中小学教师专业化发展提供一些有效的策略。

2.3 教师专业化发展

教师专业化是指教师在整个职业生涯中，通过专门训练和终身学习逐步习得教育专业的知识与技能，并在教育专业实践中不断提高自身的从教素养，从而成为教育专业工作者的专业化成长过程。它包含双层意义，既指教师个体通过职前培养，从一名新手逐渐成长为具备专业知识、专业技能和专业态度的成熟教师及其可持续的专业发展过程，也指教师职业整体从非专业职业、准专业职业向专业性质职业进步的过程。新时代下的优秀教师成长的动力是对专业价值的追求，教师专业化不仅需要具备敏锐而独到的见解，也应具有高尚的道德操守、渊博的知识、执着的教学责任、熟练的教学技能和良好的教学声誉，更应具有深厚的、独特的教育思想。

2.4 名师工作室

名师工作室是在教育行政部门指导下的非政府性工作机构，教师共同体是一种专业性团体，是学校教师基于共同的目标和兴趣自愿组织而成的，旨在通过合作对话与分享性活动促进教师专业化成长，推进教学改革。名师工作室以名师姓名与专业特色命名，以名师为引领，以学科为纽带，以研究为核心，由同学科领域的骨干教师构成，集教学、科研、培训等职能于一体的教师合作共同体，旨在搭建促进教师专业化发展以及名师自我提升的发展平台，在教育教学实践场域内真正有效地促进教学相长。

3. 研究方法

3.1 文献研究法。通过对以往教师专业化发展的探究成果进行分析，学习相关理论，把握教师专业化的发展趋势；明确本文的研究重点、研究方向，从而探寻以新时代为背景的研究教师专业化发展问题的路径。

3.2 经验总结法。在总结过去和他人经验的基础上提高、创新、进一步开展课题研究。

3.3 行动研究法。初步的经验总结在课题组成员、学员学校予以实施，通过对实践信息的收集，实践中典型个案的分析进行评价。

3.4 个案研究法。通过对实践中典型个案（教师或校长）的分析，进一步找出研究规律。

3.5 问卷调查法。在前期文献研究的基础上，进一步运用调查研究法深入教学一线，以调查问卷的形式从教师职业规划与职业发展需求、职业幸福感等方面展开调研，并对问题进行分析归纳，从而试图探寻新时代下教师专业化发展的方向及完善相关策略。

4. 研究思路

本课题的研究思路意在通过研究教师队伍建设与专业化发展的方法与策略，研究依托省名校长工作室引领校长，深入学习相关理论，在反复实践、反思的基础上总结经验，抓好学校教师队伍的建设，从而促进教师专业化发展。从认真只能把事情做对—筑牢底线思维，用心才能把事情做好—树立职业态度，有爱方能把教育做美—构建教育理想三个维度，明确新时代教师教育的使命，完善学校教师专业化发展路径，促进教师的专业成长。全面提高各校教师队伍的整体素养。

5. 研究的重点与难点

5.1 重点：在教科研活动中提高教师的专业水平，完善学校教师的专业化发展路径。有效的教研可以改变教师的教学理念和行为模式，提升课堂教学的有效性，促进教师的专业化发展。

5.2 难点：教师学习力的培养和提升。所谓学习力就是学习动力、学习毅力和学习能力三要素。学习力是把知识资源转化为知识资本的能力。目前教师学习的机会得到增加，但是如何将学到的知识与发挥自主创造性转化为课堂实践是有一定困难的。本课题研究的目的之一就是想通过搭建平台，将教育教学理论用于实际，解决教育教学问题，促进教师专业化成长。

三、研究框架与步骤

1. 研究框架

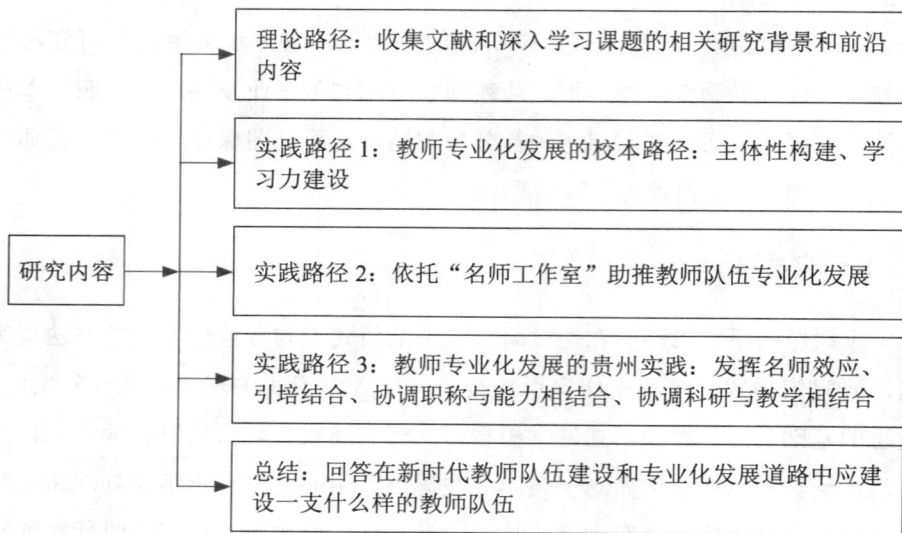

1.1 研究步骤

1.1.1 收集与课题相关的论文、专著和文件进行深入学习，深入了解与本课题相关的研究背景和前沿内容。

1.1.2 在熟悉和掌握相关资料和前沿内容之后，与课题组成员进行讨论、交流，探讨新时代教师队伍建设与专业化发展的具体路径。

1.1.3 将新时代教师队伍建设与专业化发展的具体路径方案提升为具体实践方案的理论支撑，反之又以具体实践来修正和充实理论方案。

1.1.4 形成结题报告。

四、研究内容

1. 教师专业化发展校本路径体现

1.1 主体性建构：教师专业发展的自我驱动

新时代下，教师自我专业化的发展成为体现其能力的关键性表现，只有潜心于教育教学活动、加强自我专业发展的能力培养，不断探寻符合自身发展的方式方法，才能有效提升教师的教育教学能力。教师的学习不仅是为了加强自身"教"的水平，更是为了提高学生"学"的能力。因此，名师工作室组织活动时以课堂教学为本，通过制定教学计划、打磨教学设计、示范观摩等多种形式，为教师有效地解决在教学实践中面临的各种问题，更好地促进教师个体的发展。

1.1.1 根据教学常规制定教学计划

教学常规是学校教学工作的核心，是学校的立足之本，更是教师的本职工作。本校围绕落实学校教育教学计划，通过制定校本教研活动制度，以保证教研活动能够井然有序，并有效地进行开展，为提高教师教育教学专业化水平以及制定更加具有针对性的教学计划保驾护航。

首先，各教研组根据学校教师的教学的实际情况，对照教改精神，以及学校的教改部署，编制切实可行的教学研究活动计划，且定期开展有主题、有目的、有内容的教研活动；其次，通过集体研修与个别学习相结合的方式，使各教研组之间在教研目标、教研内容、教研形式与教研经验上加强了沟通，共同进行实践；最后，在学期结束时，各教研组需对照教研计划进行总结，梳理反思教研的过程与效果，总结经验，整理文本，确定可持续研究的方向。

教学设计是以优化教学效果为目的，通过传授学习理论、教学理论等理论基础，依据对学生学习需求的分析所提出的解决问题的最佳方案，以此来使教学效果达到最优化。因此，学校十分重视教学设计的规范书写。教学计划内容包括：教材分析、学情分析、教学目标、教学重难点、教学措施和方法、教学进度等。教学设计不能过于简单，不得无教学设计上课，不用旧教学设计上课，不下载、照搬不符合本班学生实际的教学设计上课。同时，教师需按照课时计划与教学设计书写的要素进行备课，课后要有反思。

备课是上好课的前提，也是教师专业成长的必备要素。这就要求教师需要深入学习、熟悉《课程标准》的基本内容，并结合本班的实际情况充分了解不同年段、不同班级学生的思想状况、知识基础、能力水平、学习习惯、兴趣爱好等。

通过备课过程，可使教师进一步明确教学目标、任务和要求，掌握教材的编写意图、知识结构和逻辑体系以及教材在发展学生智力、培养能力和进行思想教育等方面的要求。同时，还能预见学生在学习活动中可能会发生的疑惑和困难，做到因材施教，并针对已有的学生经验，遵循认知规律，开发、整合、利用有效的课程资源，更好地做到目标明确、科学，易于检验和评价，也要做到课程内容具体、过程清楚，互为因果，方法策略恰当，具有实效性。

教学设计是备课的书面形式，因此进校 5 年内的教师需要手写教学设计。电子教学设计要求有两次备课，课后要有反思。按照要求每月交与教研组和教务处检查并盖章。通过书写教学反思，可使教师通过教后回顾，对教法、学法上升到理性的高度去分析、认识，这样有利于不断总结积累教学经验，改进教师业务素质和科研能力。

同时，学校对各种课型教学设计有着不同的基本要求：①新授课必须每课都要有常规教学设计；②复习课（包括习题课）要有课题、教学目标、复习范围、重点和过程、总结、后记；③讲评课（包括试卷、作业）要有课题、教学目标、讲评重点和过程。讲评过程包括：评价题目的难度和质量，公布答卷（题）得失情况，重点讲评对题目的分析。根据学生对知识、方法、思路等了解掌握的实际情况，设计拓展性训练。对每一类问题及时讲评总结，做好作业布置和后记；④作文讲评课包括讲评目的、作文情况综述、针对性范文讲评，引导学生修改完善。鼓励教师写作文，以启发学生的写作思维。⑤实验课包括目的要求、实验器材准备、实验过程、结果分析、作业布置（写出实验报告）、后记。

通过教学常规的培训与管理，可使教师将在学校教科研活动中所学到的理论内化于心，外化于实践研究过程中，通过制定更加具有针对性的教学设计，进一步提高教师自身的专业素养，达到发展自我的目的，并为构建教师学习共同体做出自己的贡献。

1.1.2 以教学计划打磨教学技巧

教学设计作为教师在教学过程中的引领性方案，可使教师在教学过程中反思教学过程，加快教师形成自己独特的教学风格，在教学的认知和行为上也更加合理，并进一步优化自身教学技巧。

教学设计应当由关注"整体"向关注"个性"转移。在传统班级授课背景下，教师在进行教学设计时，往往更注重对学生进行整体性、概括性的描述，造成这种局面主要有两方面原因，首先作为教师而言，在对班级中做到分析每一位同学的个性特征几乎是一项无法完成的任务。其次，即使教师有精力与条件去针对每一位学生进行分析，教学也难以针对不同学生的差异而有所区别。然而，在倡导培养核心素养的背景下，对学生进行全面发展教育已成为题中之义，这也使得教师需要在充分了解不同学生独有特质的基础上，针对学生的不同需求，从而提供个性化的学习支持。

教学活动设计应当由以"教"为中心转向以"学"为中心。传统教学活动通常是教师围绕特定的学科内容直接开展的认识活动，往往是按照教师的"教"而进行设计，在这种教学活动中，常发生弱化学生自主性、创新性的情况，不利于促进学生的批判、探究以及团队合作意识。因此，在教学设计中，应当凸显出由"教"为中心向以"学"为中心的转移。以"学"为中心，主张将学生视为教学过程中的主体，在其中反映出学生的真实世界，教师在教学过程中应当起到的是引导、支持学生进行自主、协作式的学习，而并非是直接向学生传递与输送知识。

教学内容设计应当由围绕"特定学科"向"跨学科"调整。传统教学内容多是围绕特定学科知识进行展开的,主要是分析教学内容在整个教学过程中的地位。在教学过程中,教师通常是以明确前后课程间的学习内容之间的联系,并通过对已有的知识经验之间与即将学习内容之间的比较来制定教学计划,这样的弊端就在于不容易使学生关注到不同学科之间的相互关联,容易割裂人类知识的完整性。然而在现实世界中,在解决各种工作与生活的问题时,往往需要运用到多学科的知识内容,因此在教学设计过程中应当注重培养学生跨学科的高阶思维与能力,强化学科之间的联系,将教学中心从单一学科知识向学生所需的全面综合性能力进行转移。

通过教学设计的制定,任课教师可更加熟悉课程标准,不仅明确本学科、本学期、本学年总的教学任务,同时还能清晰掌握教材的重点和难点,了解学生对基础知识和基本技能的掌握情况,同时可更好地预估完成教学任务中可能遇到的问题和困难,凸显出教学设计的优越性,并且教师通过拟定教学进度、提出教学质量目标,也能明确教学中应注意的问题和改进措施,提高自身的教学技能。

1.1.3 以示范观摩提升教学水平

开展示范观摩课程可以为教师搭建起教学交流平台。通过听课观摩活动,教师不仅可以学习优秀和先进的理念,还能获得新的方法和经验,结合教师教学实际进行思考和吸收,促进自己的成长和提高;同时有利于良好教学风气的形成,通过"一听二看三记",进一步更新教学观念,提高教学水平和教学质量,促进教育教学改革的深入开展。

每学期每名教师需完成10节听课观摩活动并做好相应记录,进校5年内的教师每学期要求完成15节观摩活动。在观摩活动中,教师们通过三个步骤来更新自身的教学技能。首先是"听":听教师授课重点是否突出、结构是否合理、启发学生是否得当;其次是"看":看教师精神是否饱满、教态是否自然亲切、教师板书是否合理、教法选择是否得当,以及看课堂气氛活跃程度、学生注意力是否集中等;最后是"记":记录教师教学的主要过程,以及记录听课时自身的所思、所看与所想,也包括听课时的瞬时点评,并在听课后有相应的总结评价。

在以往的课堂教学中，教师时常意识不到自己的教学行为，而通过听课这一观摩形式，不但可以学习到其他教师的成功经验，同时也能汲取其他教师失败的教训。用他人的教学方法指导自己的教学，并对自己的教学方案进行反思和研究，将通过听课得来的感悟认识归纳为理性的认识。通过教师间课堂上的相互交流，可做到取长补短，在改进自己的教学能力的同时提升自己的教学水平，促进自身专业化技能的发展。

1.2 学习力建设：教师专业发展的内部赋能

伴随着专业知识的不断更新以及技术迭代的日新月异，在教育教学实践过程中，新情境、新问题、新挑战不断涌现出来，教师只有不断学习才能跟上新时代的步伐。在"教师核心素养和能力发展目标体系"中，学习与创新能力包括自我认知能力、终身学习能力和教研科研能力，学习是创新的基础和前提，其指向教师在专业发展历程中的自我更新，因此学校必须在推进教师专业发展主体性建构的基础上加强学习力的建设。要以专业阅读为驱动、以课题教研为依托、以多元对话为模式，使教师的学习有驱动、有依托、有方向，提升自我学习力，为自身专业化发展提供持续性赋能。

1.2.1 在专业阅读中促进教师智慧成长

首先，学校通过具体措施助推教师有效读书，促进教师专业成长。如：思维导图阅读法。思维导图阅读法可以帮助教师培养专注力。在阅读时要抓住重点、整理出关键词间的逻辑关系，才能将阅读吸收的信息内容画成思维导图；开展读书分享活动，搭建教师阅读交流平台。在活动中，老师们既是聆听者、分享者，又是帮助他人学习的促进者，通过促进他人学习，自己也能够更深刻地掌握知识，同时也能提升自己的归纳演绎能力、表达能力、交流能力。

其次，教师通过制作微视频进行线上读书分享，即分享者将自己的读书笔记制作成微视频后在线上进行分享，我们已经分享了《要相信孩子》《中小学英语教学研究方法》《教育漫话》等微视频。线上分享会的优点在于不限时间与地点，可以让更多的老师看到分享的内容。

最后，学校通过学习微课制作促进教师专业化成长。为了提升教师的信息素养，努力促进信息技术与教育教学融合创新，我校组织教师开展微课培训，提高教师制作"微课"的能力和水平，鼓励教师积极参加微课比赛，将信息技术带进课堂，推进课堂教学模式创新。在实践研究过程中将学校教科研活动规范化、常态化，努力构建教师学习共同体，通过学习和实践帮助教师提升专业能力，发展自我。

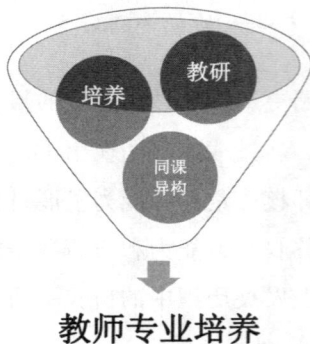

教师专业培养

1.2.2 在课题教研中提升教师理论素养

学术研究能力是教师能否顺利进行教学实践的重要基石与保障，因此学校通过课题研修，不断优化教师教学的培训内容与培训形式，通过进行教师教育科研培训，使教师在校本培训中加强理论学习；通过对教师进行与科研课题相关的教育科研理论及方法的培训，巩固教师的专业技能，提升教师的理论素养。

一是通过校本教研活动促进教师专业化成长。学校以教研组为单位，开展形式多样的教研活动，立足课堂，开展行动研修，促进教师课堂教学技能的提升。每年4月、5月为教学研讨课月，通过集体备课—教师公开课—教研组评课议课的模式，促进教师在合作中相互促进。每年11月鼓励教师积极参加"好课堂"竞赛活动，引导教师在竞争中提升自我。每年6月、12月开展新教师汇报课活动，并在课后进行研讨，搭建新老教师相互学习的平台。以体育教研组为例：教研组为单位组织教师认真学习《义务教育体育课程标准》《初中体育教师专业能力必修》等相关书籍，提高体育教师的教学素养；积极组织教师参加市区级教研活动，通过交流研讨，及时交换教育方法、教育思想；通过开展青年教师研讨课等方式提升教师课堂教学能力，鼓励教师积极参加各级各类教育竞赛活动，增强教师的成就感，促进教师专业化成长。

二是通过课题研修促教师专业化成长。自 2018 年以来，我校利用各项课题研究资源，通过收集、分析相关文献资料、编写问卷，设计研究方案来进行教学研究，以探索不同学科专业化发展的策略与途径。目前共开展了十二项课题，其中包含一项省级课题，两项市级课题以及九项区级课题，其中已有四项区级课题结题。

现正在开展的各级课题如下：

年份	序号	主持人	课题名称	省级	市级	区级
2018	1	吕 烜	基于核心素养的道德与法治教学实践研究			√
	2	宋 丽	传统风筝纹饰在中小学美术教学中的研究			√
	3	江 洋	在社团活动中培养学生的语文学科素养			√
	4	万 莉	基于"网络平台"的分层作业设计与时间研究			√
	5	向 静	新课程背景下问题式教学的初中地理课堂实践研究			√
	6	夏金亮	数学文化在素质教育中的实践研究——探索初中数学教学与花溪民族数学文化的融合			√
	7	陈桂兰	新时代教师队伍建设与专业化发展的路径研究	√		

续表

年份	序号	主持人	课题名称	省级	市级	区级
2019	1	范美菊	初中化学探究性实验对提升教学有效性的研究		√	√
	2	阎朝军	《在单元整合阅读教学中有效提升八年级学生的语文素养》的研究			√
	3	符可培	初中地理课堂教学中运用几何图形绘制提高学生地理空间思维能力的实践探究			√
	4	朱　路	新中考改革背景下信息技术与艺术类学科整合性教学的实践研究——以花溪区实验中学信息艺术综合组教学研讨为例			√
	5	龙　黔	新中考背景下初中生读图能力培养的策略研究		√	√
2020	1	张昌彦	以初中社团为载体开展研究性学习的实践研究			√
合计				1	2	12

1.2.3 在多元培训中升华教师教育理念

构建教师交流培训平台，是教师队伍专业化建设重要保障的措施之一。学校通过采用"老带新"的策略，以及搭建青年教师学习平台等方式，让教师们得以相互交流，相互学习，相互提高，彼此分享教学经验，为教师们创建分享、回顾与反思教学改革的实践经验和探究成果的多元化培训平台。在此平台上既能展示教师的风采和魅力，深化教学改革，还能形成积极向上的教师发展文化。

自 2018 年 9 月以来，我校共邀请专家到校开展培训 6 次，并且每个假期由校长、副校长、中层干部、教师带头开展不同的主题培训。目前已由特级教师邱勇军为教师开展《新义务教育法背景下中小学校长领导力构架》的培训，培训紧扣工作室专项课题《新时代教师队伍建设与专业化发展的路径研究》，该培训引发了校长们对自身专业成长与教师队伍建设的积极思考，强调在办学管理中，不能忽略教师的专业化成长，要以校长领导下的教师专业化成长促进学生的健康成长、促进学校的可持续发展；同时，课题组共有8名党员，在课题研究过程中积极发挥学校党支部作用，开展丰富多彩的教育培训活动，这不仅加强了党员教师队伍的爱国主义、集体主义教育，而且进一步拓宽教育的渠道，挖掘教育的深度，增强教育的实效性，更是起到了加强师德师风的建设，发扬了廉政勤政作风的作用。

学校通过"老带新"方式促教师专业化成长。针对学校年轻人多这一特点，有序开展"老带新"活动，师徒结对，安排青年教师向经验丰富的老师学习。每年新进教师开展"三跟实习"活动，即跟学科师傅、跟班主任、跟各办公室学习。要求每位青年教师在教学上努力创新，爱岗敬业，为人师表，加压了青年教师的担子，从而充分发挥青年教师的潜能。

再次，学校与上海真爱梦想基金会合作，引入梦想课程作为校本课程研修，搭建青年教师学习培训的平台，帮助引领青年教师快速成长。通过组织校本课程教师参加各级培训及交流活动，开展校本课程"好课堂"评比活动，我校教师积极参加梦想课程"好课堂"比赛，共获得全国一等奖1人次，省级二等奖2人次。同时，每年我校教师多次受邀到省内外进行教师培训和进行示范课教学。

2. 教师专业化发展的重要依托——"名校长工作室"

在当前优质教师资源尚不够充足的情况下，名师工作室作为教育发展的新型产物，日益成为推动教育均衡发展的一剂良药。但是，名师不应成为学校的独有资源，名师有效的教学方法则应推广出去，真正引领带动整体教学水平的提高。在"三名工程"中，名校长工作室发挥了名师工作室的基本职能，并真正带动和引领了由名校长工作室下各名师工作室的成长与发展。本课题以花溪实验中学名校长工作室作为本校新时代教师队伍建设的重要依托，通过对教师教学模式的实践研究，探索名校长工作室对教师的培养机制，以建设教师队伍的专业化发展为出发点，为新时代教师队伍搭建学习共同体平台，优化教师的师资结构，以点带面、辐射引领，使名校长工作室成为名师成长的催化剂，成为教师立德树人的孵化器。

名校长工作室的具体组建是在其理论研究基础上的直接实践，同时可以在实践过程中对理论进行不断评价、完善。如通过名校长工作室的统筹和引领作用协助教师针对基础教育的基本问题——中小学教师跨专业水平不强、综合理论知识较弱——组建名师工作室，通过名校长工作室设置相关规定和制度，使得各专业的教师之间、名师工作室之间将资源互通有无，整体提高教师队伍的素质。目前，关于名校长工作室的理论研究众多，名校长工作室的出现更是符合教师继续教育的要求。由此，各地的名校长工作室也如雨后春笋般快速发展起来。值得注意的是，很多名校长工作室由于地域的限制、经济的特殊境况、生源分布的具体情景等，局限于在以往教研活动的模板上开展。我校建立的名校长工作室结合了贵州教师队伍的现状、发展条件以及各方面的基础设施情况，为促进教师专业成长建构了合理的机制并采取了相关措施，名校长工作室对新时代教师队伍专业化发展的引领和统筹主要体现在理论、制度、实践三个方面。

2.1 理论引领：依托名校长工作室，提供多样的学习资源，挖掘教师教学研究活力

2.1.1 教学研讨，专业提升

教师提升教学水平，加强专业素养需要借助多渠道、多形式的平台，参与各种提升教学能力与专业素养的学术活动，以更新教师的教育理念，强化成功的意识。花溪实验中学名校长工作室根据实际研训所具有的实体操作，尽可能地为教师提供广阔的参与机会，营造良好、浓厚的研究氛围，助力教师专业化发展。如教师可以依托名校长工作室创建名师工作室执教各类公开课、研究课，在名校长工作室的指引下反思自己的教学内容，这也是多年来被证实的提高教师教学水平的有效途径。

具体而言，在一般条件下，专家、领衔人及成员来听公开课并给予评价与指导的机会是非常有限的。而名校长工作室成立之后，几乎每月都安排有活动日，工作室根据成员人数确定成员每人每月平均上公开课的次数，工作室成员及领衔人会就课堂教学的各个环节给予指导，同时成员们也会有机会在专家的指导下反复"磨课"，提高课堂的教学水平，并针对教育教学中的突出问题进行专题研究。名校长工作室组织开展的每一次教研活动，都能带动一批教师努力设计、反思自己的课堂教学，并与同事分享自己成长的经验。这些资源都是普通的教师研训活动所不能比拟的。总体而言，名校长工作室在教师的专业学习和研究活动中，通过理论上的引领促使教师本身对教学教研进行参与、动手、体验等各种学习方式，更有效地提高了教师的教育教学技能与水平。

2.1.2 科学研究，引领成长

青年教师经验少，能力潜力发挥尚不足，必须借助教科研以促进青年教师的专业化成长。名校长工作室的设置能充分发挥教科研的示范引领作用，发挥教育科研专长，有力指导青年教师开展论文撰写、课题研究等教育科研活动。此外，工作室还会外聘专家来开展课题研究、论文写作等讲座，促进年轻教师教科研研究水平的提升。除了年轻教师，工作室的成员及学员老师也积极参加各级各类培训、潜心研究教育教学，并且大胆发表自己的观点。工作室的成员及学员老师所撰写的论文及教学设计在省、市、区各级各类评比中获奖；同时，老师们积极参加各类教辅的编辑工作，从而进一步提高自己的命题和审题能力。所有这些成绩的取得，都与建立名师工作室这个平台息息相关。教师队伍在工作室的助力之下，找到了努力的方向，也体会到了成功的乐趣。

2.1.3 打造教师共同体，发挥学科辐射作用

在初级中学阶段，教师队伍建设的弊端之一就是教师之间的学科划分较强，整体的专业性交流不高。但是，新时代对教育教学具有新的要求，培养学生的核心素养不仅仅是通过"老师教，学生学"的教学模式。老师和学生都应是教学的主体，老师的自身素质对学生的发展具有非常重要的作用。因而，为了促进学生的全面发展，以及为了我国现代化教育储备全能型人才，老师在了解自身所授学科知识外，还必须提升自身的专业素养，拓展相关学

科的知识。

贵阳市花溪实验中学利用名校长工作室调研了相关理论和经验，在教学体系理论建构与实践研究上，根据学科设置的系统性、专业性，对专业方向进行了适当调整，构建基于名师工作室设置的弹性课程体系，将教师队伍看作一个教师专业共同体，开展名师工作室成员的共同体研修活动。如每个成员要与1至2名青年教师结对子组成研修共同体，充分发挥名师的带头和辐射作用，扎实开展课题研究活动，并在活动中相互取长补短，共同发展。

2.1.4 借助平台，实现资源互通共享。一般来说，教师队伍本身是一个非同质性的群体，每一位教师都有自己独特的教学经验和学习、成长经历，有个性化的知识结构、信念体系和思维方式。即使是执教同一内容的教师，在教学内容的处理、教学方法的选择、教学情境的创设等许多方面也可以说尽显个人风采。而这种多样性和差异性的发挥在借助名校长工作室平台的助力，能够为教师们提供多样化的互动机会，使得教师对自己能力的提升心态处在"互惠、互利、优势、互补"的氛围之中。这样，不同层次的教师就能在各自的问题领域的交流与碰撞中，启迪彼此的思考。名师工作室使参与的每个人都在研究与交流中得到不断提高，找到践行新课改、提高教育教学质量的支点，推动教育不断向前发展。

2.2 制度引领：完善制度以增强教师幸福指数

完善的制度是教师教育教学的基础性保障，是教师幸福指数的重要指标之一。学校以制度促发展，进一步优化学校管理机制，完善管理环节，增进学校管理效率，增强教师幸福指数。名校长工作室作为学校成长的坚实力量，时刻关注每一位教师的专业化发展，名校长工作室在制度管理方面通过各种途径与方式采取相关措施，激发教师的内在动力，以有效推动教师的专业化发展，帮助教师树立终身学习的理念，促进教师专业理论及教育教学实践能力的提升。名校长工作室对推动新时代教师队伍专业化发展制定了以下举措：

首先，学校按照校长——分管副校长——教科研中心主任——教研组长的"四级管理模式"，研究教师所存在的基本问题，包括对教师进行个体与群体的分析，寻找教师成长的基本规律，总结教师培养的经验，研究教师成长的基本理论，归纳教师培养的工作方式，形成对教师培养的科学方式和工作体系。

搭平台，学研实践重提升

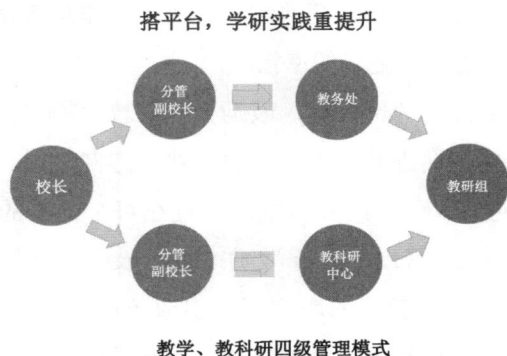

教学、教科研四级管理模式

　　其次，学校逐步完善教师发展的相关制度。在基础教育阶段，青年教师一般没有老教师有经验，而老教师相对于青年教师又缺乏大胆创新的活力。而名师工作室的作用之一就是可以制定相关规定，例如制定"以老带新、互相学习"等一对一或者一对二的帮带原则，使名师工作室中的名师承担起培养优秀青年教师的任务，发挥自己的特色和特长，有的放矢地去影响和引领青年教师，充分发挥传、帮、带的作用。针对新进的青年教师，可以根据他们的特长，帮助他们确立教学风格和个人教学特色，并制定计划帮助他们朝着自己的教学风格和特色开展活动。名师工作室还为所有成员提供学习机会，定期和不定期地帮助学员打磨教学特色研究课。在尊重学员的同时，帮助大家把握大方向，提出建设性的意见和建议，争取让学员在自己的教学领域中脱颖而出，早出成效，早日成长，全面促进年轻教师的专业成长。针对教育教学和科学研究工作，分别从学校层面、教科研中心层面、教研组层面来制定教科研管理制度体系，以保证教育教学、科学研究工作的有效部署和顺利开展，以及教师学习力的不断提高。

　　再次，根据马斯洛需求理论制定规则来增加教师在工作中的幸福感，人有五个需求层次，从低到高分别是生理需求、安全需求、归属和爱的需求、尊重需求以及自我实现需求，层次越高则越能带来更多的幸福感。作为教师，在教学过程中同样遵循着这一规律，通过学校所提供的各项设施，教师可进一步提高自我教学能力，并从中获得自我实现的满足感。通过教书育人，将培养社会主义接班人、提升民族素养等外在要求转化为内在的自我价值的体现，并在教学过程中将一切教学实践活动当作是自我实现的追求与落实。由此，教师从中能获取更多的幸福感。

最后，学校采用激励评价机制，鼓励和促进教师的教科研工作，创设良好的学校教科研氛围，促进教师不断朝着专业化方向发展、努力。激励评价机制的内容主要包括：（一）绩效激励：学校在每个学年的评优、绩效分配上适当嘉奖，优先考虑。（二）目标激励：不断鼓励教师树立信心，在课堂教学上不懈努力探索，为教师的职称评定创造条件。（三）氛围激励：注重营造良好科研氛围，提倡教师的合作精神，尤其是教研组、备课组教师进行协作研究。同时学校大力支持教师专业化发展，每年超过预算公用经费总额5%的经费列为教师培训专项资金，各工作室、学科基地、课题研究的费用能做到专款专用。为了保障教师教学设施的完善，学校建有教师电子备课室1个，教师"悦吧"1个，多媒体会场3个，录播教室1个，这些教室供教师开展教学研讨活动。

学校通过不断完善各项制度与设施设备，以此吸引更多技能人才进入中小学校教师队伍，优化教师的素质结构，扩大中小学校教师队伍的规模，促进师资队伍整体素质的提高和专业化的建设，努力提升教师在教育教学实践中的幸福指数。

2.3 实践引领：依托名校长工作室，深化教师主体教学实践研究

2.3.1 依托名校长工作室，让教师在"科研氛围＋体验"中成长

教师作为教学的主体之一，其教学的本质是教＋学。教师通过不断地学习和培训，增加自身的教学水平，做到以"学"促"教"。然而，基于校本化路径的条件，教师还不能完全实现教学水平的全面提升，教学水平的提升不仅仅是依靠教师主体的自主研究，还需要与其他优秀名师进行对话交流，

在浓烈的科研氛围中深化教师主体教学实践研究。

花溪实验中学陈桂兰名校长工作室针对教师队伍主体教学的现状，实行名师"请进来、走出去"的工作方针，助力教师的科研活动并为其营造良好的科研氛围。工作室通过邀请专家来校交流、名师示范和聘请相关行业专家担任兼职教师，成立专业建设委员会等形式，有计划、有步骤地对教师进行全面的现代职教理论、课程理论和现代教育技术的培训，努力提高教师的教育理论素养和运用现代教育技术教学的能力。通过经常组织大范围的全员培训的方式，以"精"为"神"，根据具体情况的需要，分层学习。名校长工作室利用自身的制度和设置优势保障教师能在科研氛围的熏陶下，通过自身的体验，实现专业的提升。

2.3.2 依托名校长工作室，让教师在"科研实践＋反思"中提升专业素养

学习是一个不断反复的过程，在反复当中是一个不断提升的过程。名校长工作室为教师创造学习与交流的机会的同时，必须创建相关制度与措施，促使教师在实践中反思自己之前的教学模式，继续发挥教学优势，吸收其他教学模式补充其自身的不足，才能做到在教学中成长，在成长中提升。

花溪实验中学依托陈桂兰名校长工作室，促使教师在科研实践活动中深入反思，有效提高他们的专业素养。以名校长工作室为单位组织开展成员间的业务竞赛，如优课比赛、教案比赛、课件比赛、说课比赛，以赛促练，提高教师教学的综合素质。教师在准备科研活动时，需要通过各种途径筹备材料、优化教学方式，促使教师快速成长。并且能有效地激励教师在活动结束后主动反思教学成果，由此才能比较全面地看清楚所开展活动中存在的问题和不足，进而进行再度思考与研修，以此积累经验，不断促进教师教学专业化水平的提升和发展。

2.3.3 依托名校长工作室，让教师在"科学研究＋转型"中收获

立足一项目标的长远发展，必须建立长效的考核评价机制，通过评价结果检验教学成果，如此才能真正做到改善以往名师工作室支持发展后劲不足的问题。因此，名校长工作室的作用还在于可以在教师队伍的建设和发展培养环节当中，设置相关考核评价制度，例如"能力与职称挂钩""教学成果与

奖励挂钩"等，驱动以名校长工作室为出发点的提升教学水平的动力，保证工作室的长效发展。

对于考核与评价制度，要实行多种模式同时运行，保证工作室的创新机制。借鉴其他名师、名校长工作室的成功案例，复制推广机制，在成立更多以名校长工作室为引领的名师工作室的同时，培养新一批青年教师，使教师在成长过程中不断从"被培养者"到"培养者"转型，一环接一环，让教师在名师工作室的摇篮中，通过不断的身份转型，促进更多的教师专业化发展，进一步提升整体教师队伍的水平。通过考核与评价制度培养出更多的青年骨干教师，打造一批具有一定影响力的优秀师资力量，促进基础教育的改革和发展。

2.3.4 依托名校长工作室，让教师在"科研行动＋展示"中发展

项目发展必须具备充足的动力，才能激发教学主体的自我提升。在建设新时代教师队伍的过程中，必须建立激励机制，才能深化教师主体对于提升自身专业技能的动力。然而，激励机制必须依靠相关的制度设置与人员安排，在这过程中，名校长工作室作为重要的载体发挥了巨大作用。

花溪实验中学陈桂兰名校长工作室依托自身优势，出台"名校长工作室的激励机制"，让全体青年教师都有课堂展示的机会。名校长工作室积极创造条件，例如，通过提高教师工作待遇、开展全体教师挂牌课行动、名师示范课行动、骨干教师展示课行动、青年教师打磨课行动等，创新人才培养模式，让更多教师在科研行动中享受成果的展示。除了课堂教学展示行动外，教师的科研成果、教学成果也进行了展示。教师的优秀教学论文、课题研究成果、教学体会反思等都通过名校长工作室的平台进行展示、分享和交流，以促进教师一起成长，提升新时代教师队伍建设专业化发展的整体水平。

工作室针对每位学员的专业，制定相应的培养计划，并取得了一定的成效。在工作室成立的三年里，工作室的成员及学员老师们在各自的工作岗位上都获得了许多的荣誉，取得了不错的成绩。其中，工作室学员赖玮玮、张松获得贵阳市优秀教师称号；陆晶晶、赖玮玮、龙松萍老师获得区级优秀教师称号；吕芳、赖玮玮、龙松萍、梁佼佼、徐荣老师获得校级优秀教师的称

号；赖玮玮老师还获得了贵阳市教坛新秀的称号；吕芳、陆晶晶、梁佼佼、龙松萍、徐荣老师被评为区级骨干教师。专业素养方面，陆晶晶老师获得省级微课一等奖、市级二等奖；张妮老师获得省级微课二等奖、市级一等奖；张妮老师的论文在全国教育研究成果的评选中获得一等奖，教学设计获得市一等奖；张妮、张松、赖玮玮、陆晶晶、吕芳、徐荣老师的教学设计及教育论文在贵州省科学院组织的论文及教学设计的评比中均有不同等次的获奖。此外，工作室的成员及学员老师们代表工作室、所在学校及各个区进行了多次的送课下乡及教学帮扶活动；徐荣老师代表工作室参加了市级优质汇报课活动；陆晶晶老师参与了贵阳市中考命题活动；徐荣、陆晶晶老师还参与了区级适应性考试命题活动。工作室成员杨梦颖现已成长为贵阳市第16中学的教学校长，陈晓萍被评为贵州省特级教师，正高级；成员朱丹2019年被评为"贵阳市三名工程"朱丹名班主任工作室领衔人。他们就是在一次次的磨练和反思中不断提高自己的教育教学能力和专业素养。

3. 教师专业化发展的贵州实践路径

教师队伍专业化发展在校本路径探索和以"名师工作室"为依托的双重路径下，应扩大影响力，打造出具有贵州特色的教师专业化发展实践路径。与此同时，教师队伍专业化发展还有诸多障碍需要克服，如下：

（1）教师队伍缺乏统一学习的平台。如何让所有教师都参与提升计划？如何有效组织和整体化提升的实施？如何评价教师队伍提升的反馈机制？如何追踪与调整实施方案的工作？这些问题让管理人员深感困惑。

（2）缺乏"名师"的引领作用。教师队伍素养的提升要求具有较强的学科教学能力的教师来引领，但我校教师队伍中具有较高的专业素养的骨干教师不足，对于带动青年教师缺乏相关的经验。

（3）缺乏青年教师资源。随着教师岗位的饱和，现存的教师队伍已经无法适应新时代的教师队伍培养的要求。面对新的教学技术的引入，诸多教师不愿意花时间去学习新的教学技能，这导致整个教师队伍缺乏活力，亟需引入青年教师，为教师队伍注入新鲜血液。

（4）教师缺乏交流机会。在教师专业提升过程中，需要有更多的平台或机会历练，需要有更多外出交流与学习的机会。同时，由于缺少教学研讨的氛围，又没有范本可供借鉴，造成教师闭门造车、自学自练，无法得到持续有效的提升。

（5）理论与实践脱钩。部分教师对教学前沿的理论、实践的信息匮乏，即使具备一定的新知识与技术基础，但实践力较低。这些教师往往是学习时热情满满，实施时畏首畏尾，在理论上的研究成果很难转化在教学当中。

针对以上问题，本课题以花溪实验中学为例，采用"以小见大"的方式，提出具有贵州特色的教师专业化发展路径。对于缺乏统一学习平台和"名师"引领作用的问题上，本课题提出了以"名师工作室"为依托，发挥"名师效应"的实践路径；对于缺乏青年教师和教师队伍交流机会的问题，本课题提出了"引培结合"的方案，既要引进优秀青年教师，为教师队伍注入新鲜血液，也要在自主培养的过程中与其他学校积极合作，让本校教师多去外校交流学习；对于理论与实践脱钩的问题，可体现在两个方面，一个是职业能力素养不行又不积极进取的教师，一个是科研成果无法践行在教学上的老师，对此，本课题提出了协调职称与能力结合、科研与教学相结合的实践路径。

3.1 以"名师工作室"为依托，发挥"名师效应"

学生需要老师的指引，而老师则需要名师的指引。"名师工作室"解决了指引教师的需求。"名师工作室"在为教师队伍培养人才的同时，也在积极发挥自身的"名师效应"作用，二者是相辅相成的关系。如果说"名师工作室"是一座灯塔，名师的示范引领就是指向标。目前贵州省中小学共建有初中名校长陈桂兰工作室、贵阳市初中名校长陈桂兰工作室、贵州省乡村名师叶建工作室、贵阳市名师雷剑工作室、贵阳市名师吴林勇工作室、贵阳市名师姜了元工作室，作为专家团队指导并帮助教师的专业化发展。以"名师工作室"为依托，发挥"名师效应"，不仅为教师队伍提供了专业化的培养平台，也为教师队伍提供了学习的榜样，教师们在此过程中，不仅加强了自身的专业素养和教学技能，而且对教育有了新的认知。以花溪实验中学为例，近年来学校积极组织教师参加各级各类比赛，并以教研组为团队帮助教师打造参赛作品。近三年，我校教师在各级教学教科研比赛中获奖近300人次。总的来说，以"名师工作室"为依托进而发挥"名师效应"有如下步骤。

"名师工作室"的第一层理想效应在于以成员教师个体专业的成长为契机，造就一批拥有浓厚教育情怀、专业知识扎实、具有终身学习能力、善于创新的高素质专业化的中小学教师，引领他们向"学高为师、身正为范"的卓越教师迈进。实现第一层效应的关键在于继承和发展名师的先进教育理念，以及实现知识的分享与生成。具体而言，一方面，由于名师是引领工作室教师团体学习的核心人物和灵魂所在，他的理念和情怀在很大程度上决定着他自身和成员教师学习的思维模式、学习的内容、学习的目标和专业成长的方向，以及整个名师工作室的定位和性质。例如，名师的核心教育信念有："教育爱"，教育爱是作为一位教师首先应该具备而且也是最重要的专业素养和理念，该理念一直指引着各成员教师的所有教学实践活动；"一课一得"，这一思想是名师工作室一直遵循的教学理念，名师主张在短短的四十分钟课堂里，不需要教给学生太多的东西，教授过多内容是不符合学生认知发展规律的，而且，教授太多的东西，学生反而接收到的效果也不理想，应该把重点集中在彻底的"会"上；"做落地生根的老师"，作为一名优秀的教师应该把教学落到实处，让学生掌握到实实在在的东西，而不是成为一个表演者；"严钻教材"，名师认为设计好一节课的关键在于对教材的深入挖掘，只有认真研读了教材，领悟了教材的要旨所在，才能抓住这节课的重点、难点。另一方面，在名师工作室团队学习的过程中，分享与交流是知识生成的关键环节。在这个过程中，所有参与者要对质疑和批判保持开放的态度，引发自由的思索和探讨，使每位成员教师深层的思想和知识浮现出来。名师在这个过程中扮演一位"辅导员"的角色，为知识的生成"护持场景"，促使交流和分享超越每个成员教师的理解力。

榜样的力量是无穷的，名师就是教师成长的榜样，工作室名师在成员和学员之间，既是师长，又是朋友，大家之间的相处没有拘束，没有距离，能够愉快的交流。对老师来说，自己身边人的讲述更具感染力和亲切感，利用身边的榜样去带动大家，让大家自觉地一起进入成长的状态，扶着老师们一起做科研、撰写教学论文、做课题研究、钻研业务知识，久而久之，就能形成一种你追我赶的良性循环，引领大家共同进步。

3.2 引培结合

在中小学教师培养过程中，不仅在校本部缺乏完善的专业培养机制，而且不同地区的培养机制存在着较大的差异，水平参差不齐。此外，除了校本部完善的教师培养体系，还能依靠完善的"引进"体系，青年教师的引进不仅可以为教师队伍注入新鲜血液，而且能从根本上提高教师队伍的整体素质。

根据新时代教师队伍发展需要，中小学教师队伍可以尝试采用"1（外引）+1（内培）"培养模式，在积极引进外来优秀教师的同时，不断提高内部教师的专业素养，合理分配每个教研室中外来优秀教师的人数，使教学与科研更富有活力和动力；引进教师和原有教师有效整合、优化组合，实现教师人力资源的最佳配置，呈现"1+1＞2"的最优效果。

构建层次化的教师培养规格体系，首先，对新入职青年教师来说，必须具备教学基本功。学校应为新入职青年教师集体配备老教师作为指导老师，在品德修养、教学技能、科学研究等各个方面指导新入职教师。其次，对于中青年教师来说，要努力加强各方面的专业素质。学校也应选派有创新能力和发展潜力的中青年教师到国内知名学校进行交流和学习，增加知识存量，扩展教学视野。再次，对于专业骨干教师来说，要起到示范引领的作用。学校应选派专业骨干教师接受国家相关部委、行业组织的专业人才培养，或师资培训，鼓励、支持相关学科专业教师考取相关的职业资格证书。最后，有计划地实施教师定向培养计划，为地方中小学培养一批批骨干教师和紧缺学科教师。

此外，"引进"青年教师也是教师队伍建设和专业化发展的重要方式，是学校教育质量的重要保证，中青年教师更是教师队伍的中坚力量和关键人才储备。而在引进青年教师时，要合理分配资源，系统规划思路，广辟教师来源渠道等。首先，地方中小学在"引进"青年教师时要合理配置经费，制定相应的引进政策和提高相应的引进待遇，打造一批中青年骨干教师，助力教师队伍迅速成长。引入青年教师，有利于打破传统的教育思维，引入新的教学理念和教学方法等。之所以青年教师引入不够，根本原因还是在于引进青年教师人才方面的投入力度不够，相关薪酬待遇、福利保障待遇不足等。除了地方中小学要合理配置学校经费，地方教育部门更应在教师配置上投入大量经费，以满足中小学"引进来"年轻教师的需求。其次，要紧紧围绕专业建设和发展的总体思路，加强对教师队伍发展的预测和规划，在保证教师专业性水平的前提下，广辟教师来源渠道，聘请、引进与共享相结合。此外，建立与外校的交流机制、相互合作机制；聘请校外有影响力的专家担任客座教授或兼职教师。

3.3 协调职称与能力相结合

职称与能力的结合，重点在于职称是否与能力相匹配？即职称考核是否严格把关和评上职称是否尽职尽责这两方面。对于考核是否严格的问题，首先，应制定严格的考核和审批制度，宁缺毋滥，把教学能力和教师品质作为首要的考核标准，切勿徇私舞弊、走后门，严格把关教育质量。其次，针对教师不同类型层次、不同学科特点、不同岗位职责、不同发展阶段的要求，分别制定针对不同岗位的考核评价指标体系，体现不同的评价内容和考核重点，促进教育质量的稳步提升。例如，职称考核可以分批次进行，分年度进行，对不作为、无进步、无师德以及能力不匹配的教师予以降级或者解聘处理。

而职称与能力的结合，要以建立制度的方式进行考核。因此要建立完善的绩效考核制度，促使绩效考核对教师的专业化发展形成较好的压力，使得中小学教师能够重视自身的专业化成长。首先，应当健全相关的绩效考核制度，使得绩效考核能够同实际教学活动进行较好的挂钩，从而形成促进合力，对此可以将绩效考核同教师薪酬进行挂钩。其次，应当严格执行绩效考核制度，特别是对于乡村小学而言，相关部门应当加强监督，避免绩效考核制度沦为形式，充分发挥绩效考核的作用。最后，绩效考核制度作为中小学教师培养模式中的重要组成部分，其制度的完善也应当是在中小学教师培养思想指导下完成的，应当符合中小学教师培养的基本要求。整体而言，完善绩效考核制度的重要目的，便是促使中小学教师能够真正重视自身的专业化成长，加强自我学习和自我修养的能力，积极接触了解新的教学理论和教学方法，提升中小学教师的综合素质水平，这对于促进中小学教师培养也有着重要的作用。

3.4 协调科研与教学相结合

由于历史原因，中小学教育专业的教师相对于其他专业而言，面临的最突出问题是科研意识与能力比较薄弱，这也成了制约其专业发展的瓶颈。为此，应该大力加强中小学教师的科研研究活动，勇于探索创新，实现学术水平和教育水平的同步提升。

首先建立激励教师进行科研和教学研究成果转化的奖励体系，使教师主动参与成果转化工作。根据教学研究的特殊性，教研教改成果可以是课堂内容的优化，也可以是教学方式的变化。这样可以保证教师的最新理想成果落地生根，为新教师做一个很好的榜样，还能有效调动教师长期从教、终身从教的积极性，落实教师队伍质量责任制。领导干部可以加大对各个教师所从事的相关工作中出现的有关问题进行调研和政策制定的力度，及时发现和解决教学工作中遇到的问题，并针对青年教师学术黄金期的特点，制定相关特殊政策，为他们早出成果、快出成果、出高质量的成果创造有利条件。地方高校要及时指导、督促和检查科研教研教改落实的情况，对其进行效果评估，对教师教学科研成绩进行认定和奖励，使政策扶持和资金支持的地方本科高校享受到福利，从根本上提升地方高校教师队伍建设的质量。

其次，制定中小学教师科研管理条例、年度科研工作计划、部门课题指南等。通过建立年度学术研讨制度以及访学、参加学术研讨会、请专家学者做学术指导，让教师将科研成果最高效的应用到教育工作中来。加大科研奖励力度，实行科研分和科研课题经费可以充抵教学工作量的办法，强化研究意识，鼓励教师积极开展科学研究。

最后，为教师创造施展才干的最佳环境。因人而异，知人善任，使每一位教师的聪明才干都能在最优化的统筹安排中得以充分发挥。提拔科研带头人，鼓励他们创建自己的科研团队，打造自己的科研转化方式，以最优化的方式将科研成果落实在教学任务当中。

五、研究成果

（1）"名校长工作室"培养人数和地区逐年增长

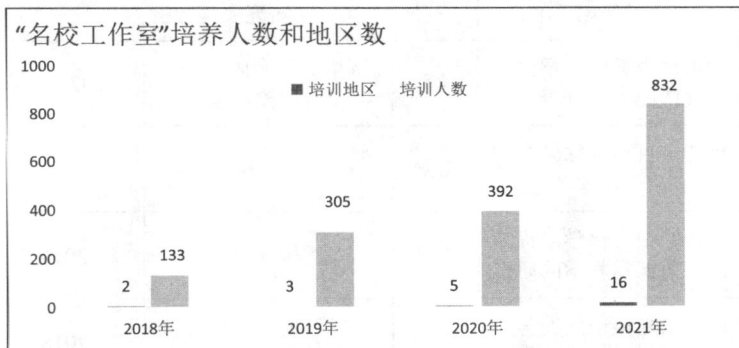

（2）培养人才

	花溪区实验中学各级名师、骨干增加人数
2017	省级名校长工作室主持人1人，省级骨干1人，市级名校长1人，市级名师1人，市管专家1人，市级乡村名师1人，市级学科培养人1人，市级骨干7人，区级骨干5人，市级教坛新秀3人。
2019	省级名校长1人，特级教师1人，市级名师2人，市级骨干2人，市级教坛新秀1人，区级骨干培养对象12人。
2020	省级乡村名师1人，省级名师1人，市级骨干3人，区级骨干9人，市级教坛新秀1人，市级学科带队人培养对象1人。
2021	区级骨干8人。
2022	市级教坛新秀2人，区级"卓越教师培养对象"8人。

（3）学术成果（学术论文、学术著作）

序列	论文名称	作者	期刊 / 出版机构	发表时间
1	笃学，向善 ——为每一个学生的美好 未来发展奠基	陈桂兰	立德树人春华秋实 ——贵阳市第二批"三 名工程"成果集	2019 年 12 月
2	我们一起去旅行	张昌彦	《初中生辅导》	2018 年 11 月第 3 期 总第 835 期
3	《化简求值》考点分析	叶建	《初中生辅导》	2020 年 10 月第 29 期
4	提高初中地理教学的 有效性策略	龙黔	成都传媒集团 / 时代 教育	2019 年 10 月
5	提高初中生地理读图能力的 有效策略	龙黔	中国人民大学 / 教学与 研究	2020 年第 28 期
6	初中地理教学中学生 读图能力的培养	龙黔	济南出版有限公司 / 当代教育家	2021 年第 11 期
7	试析初中英语课堂教学的 有效性	雷剑	南北桥	2018 年 3 月
8	关于网络信息化学习提高 英语高效课堂教学的研究	雷剑	课程教育研究	2019 年 8 月
9	贵州阳光英语阅读与 写作·九年级（编委）	雷剑	贵州阳光英语阅读与 写作·九年级	2018 年 7 月
10	地道中考·英语（编委）	雷剑	地道中考·英语	2019 年 3 月
11	初中英语话题阅读· 八年级（编委）	雷剑	初中英语话题阅读· 八年级	2019 年 8 月
12	初中英语话题阅读· 七年级（编委）	雷剑	初中英语话题阅读· 七年级	2019 年 8 月
13	考点设计（编委）	雷剑	考点设计	2019 年 10 月
14	夺冠百分百新导学· 课时练（编委）	雷剑	夺冠百分百新导学· 课时练	2019 年 8 月

序列	论文名称	作者	期刊／出版机构	发表时间
15	阳光中考英语·贵阳中考标靶密卷（编委）	雷剑	阳光中考英语·贵阳中考标靶密卷	2020 年 7 月
16	阳光中考英语·贵阳中考标靶密卷（编委）	雷剑	阳光中考英语·贵阳中考标靶密卷	2020 年 12 月
17	架构中考·英语（编委）	雷剑	架构中考·英语	2021 年 11 月
18	基于核心素养下电能的产生和输送电能学法指导——深度融合式学习实践	王洪群	初中生辅导	2021
19	有关电功率计算的深度学习	王洪群	初中生辅导	2021
20	大气压强	王洪群	初中生辅导	2021
21	关于"声的世界"考点解读	王洪群	初中生辅导	2020
22	图像题科学思维培养	吴林勇	初中生辅导	2020
23	深度融合式复习实践	吴林勇	初中生辅导	2021
24	凸透镜成像及应用的学习	吴林勇	初中生辅导	2021

序列	专著名称	作者	出版社	出版时间
1	基于现代教育技术的智慧教与学	吴林勇	云南科技出版社	2021

（4）其他成果

成果内容	数量
政协建议	1 项
教学技能	45 次
正高教师	2 人
高级教师	1 人
指导学生	156 人
成立工作室	5 个

六、总结

　　教师是教育事业发展的基础，是提高教育质量，办好人民满意教育的关键。新时代人民对高质量教育的需求是人民对美好生活愿望需求的题中之义。因此，组建一批高质量教师队伍和寻求教师专业化发展的路径已经迫在眉睫。目前，我省教师队伍专业化存在结构单一，功能性不足的情况；教师的教学技能、理论素养和师德建设亟须提高。因此，本课题的目标是探索贵州省教师队伍建设与专业化发展的新路径，全面提高中小学教师队伍的整体素养。

　　教师队伍建设与专业化发展的理论基础在于中国化的马克思主义教育思想和新时代我国的教育要求，并在现有教育模式下学习现今西方的教育模式和教育理念。从认真只能把事情做对（筑牢底线思维）、用心把事情做好（树立职业态度）、有爱方能把教育做美（构建教育理念）三个维度，明确新时代教师的教育使命，完善中小学教师专业化发展路径，促进教师的专业化成长。

　　在研究教师专业化发展的路径选择上，本课题以三个维度进行阐释：教师专业化发展的校本路径探索；以"名师工作室"为依托为教师专业化发展提供平台；教师专业化发展的贵州实践路径。从点到面，逐层铺开。首先，

"教师专业化发展的校本路径体现"是以花溪区实验中学为试点进行自主探索的重要路径。在探索过程中，将教学计划、教学设计、交流学习和学习力建设融入教学制度当中，并在实践过程中不断修正当前制度，打造具有地方特色的校本教师专业化发展路径。其次，针对当前优质教师资源尚不充分的情况下，依托"名师工作室"为教师队伍搭建学习共同体，优化师资结构，以点带面，辐射引领，使"名师工作室"成为教师成长的孵化器。最后，在教师专业化发展的校本路径探索和以"名师工作室"为依托的前提下，打造具有贵州特色的教师专业化发展路径。第一，以"名师工作室"为依托，彻底发挥名师的引领和模范作用，以名师带教师，打造一批专业素养过硬，具有理想信念的青年教师和名师。第二，在教师资源匮乏和教师队伍活力不足的情况下，充分发挥"引培结合"，在积极引进外来优秀教师的同时，不断提高内部教师的专业素养，合理分配每个教研室中外来优秀教师的人数，使教学与科研更富有活力和动力；引进教师和原有教师有效整合、优化组合，实现教师人力资源的最佳配置，呈现"1+1>2"的最优效果。第三，协调职称与能力相结合，针对不同岗位制定相应的评价考核体系，促使中小学教师能够真正重视自身的专业化成长，加强自我学习和修养。第四，协调科研与教学相结合，这样不仅可以保证教师的科研成果落地生根，而且还能有效调动教师长期从教、终身从教的积极性，并有助于落实教师队伍质量责任制。

教师队伍专业化发展既要注重"道"，又要注重"术"。教师之"道"乃是践行党的教育方针，树立正确的教育观和价值观，提升教师的职业素养和师德建设。教师之"术"乃是勤于钻研，积极学习；教师应通过专业阅读提升教师智慧、通过课题教研提升理论素养、通过多元培训升华教育理念、通过学习交流增长教学视野，最终通达韩愈先生所言："师者，所以传道，授业，解惑者也"之真正使命。

参考文献：

[1] 马欣慧，代德伟. 新时代地方高校高素质专业化教师队伍建设径选择 [J]. 师资建

设，2018（16）.

[2] 蒋亦华 . 关于我国中小学教师队伍专业化建设的思考 [J].《教育探索》，2005（04）.

[3] 王雅君 . 构建专业化的中小学教师队伍 [J].《黑龙江教育学院学报》，2004（06）.

[4] 王晨 . 新时代教师队伍建设思考 [J].《黑龙江科学》，2022（05）.

[5] 张坚 . 引进与培养并举—努力建设一支高素质教师队伍 [J].2002（03）.

[6] 严运锦 . 名师工作室领衔名师的学习模式探析 [J].2019（26）。

[7] 徐丽桂 . 名师效应论 [J].2002（04）.

[8] 刘笑吟 . 教学、科研与教学管理相结合的高校教师发展新模式 [J].2019（14）.

[9] 曹慧英 . 我国小学教师专业化发展战略与路径选择 [J].2014（3）.

[10] 郭振平，陈方方，高洁 . 浅谈中职学校"名师工作室"教学模式实践研究 [J]. 艺术教育，2018（24）.

[11] 张凌慧 . 中等职业学校教师队伍专业化发展趋势——基于普通高中教师队伍的对比分析 [J]. 教育科学论坛，2022（09）.

[12] 郭亚培 . 评价维度及建设途径：成人教育教师队伍的专业化发展 [J]. 中国成人教育，2016（09）.

[13] 王宏岩 . 职业院校技能名师工作室建设的思考与探索 [J]. 辽宁师专学报（社会科学版），2022（02）.

[14] 钟秉林 . 迈入新时代抓住新机遇应对新挑战 [J]. 中国高等教育，2018（1）.

[15] 王天晓，李敏 . 教师共同体的特点及意义探析 [J]. 教育理论与实践，2014（8）.

[16] 李铁绳 . 我国教师教育专业化演进及其逻辑研究 [D]. 陕西师范大学，2019.

[17] 田丽娜 . 习近平教育观研究 [D]. 江西农业大学，2018.

[18] 韩爽 . 以教师专业发展为指向的名师工作室运行研究 [D]. 东北师范大学，2015.

[19] 赵婀娜 . 全面推进高质量教师队伍建设 [N].《人民日报》，2022 年第 5 版 .

焦点讨论法在语文阅读教学中的运用探究

陈桂兰

贵阳市花溪区实验中学

语文阅读教学是语文教学中的重要内容。阅读教学是拉近学生与作者情感距离、丰富学生语言积累、培养学生语文思维的重要途径。一方面，在语文阅读教学实践活动中，教师运用焦点讨论法对学生阅读进行引导，能帮助学生更快、更好、更加深入地了解阅读内容；另一方面是通过教师对阅读问题的设计，使学生掌握阅读的方法和思路，进而促使学生在阅读学习中更好地理解知识、更好地和文本对话，创设主体阅读的情境，保障阅读教学的效果，为提高学生阅读能力和阅读水平提供有效支持。

在语文阅读教学中，学生阅读主体地位能否得到发挥，个性化阅读和差异化阅读能否体现，是阅读真正发生的显性评价依据。我们在阅读课上常常看到的是，学生的阅读往往是被动地跟着教师的"读"和"思"走，阅读教学过程中学生主体独立探究能力的培养、学生个性化阅读、创新性思维等均欠缺有效的展现平台。

一个人的阅读史就是一个人的精神发育史。在培养学生语文实践能力的教学过程中，阅读是最为基本和重要的一环。阅读是运用语言文字获取信息、认识世界、发展思维、获得审美体验的重要途径。阅读教学是学生、教师、教科书编者、文本之间对话的过程。2022 年版义务教育《语文课程标准》

（以下简称"语文新课标"）倡导"少做题、多读书、好读书、读好书、读整本书，注重阅读引导，培养读书兴趣，提高读书品味"。语文新课标在总目标第 5 条提出了要达到"学会运用多种阅读方法，具有独立阅读能力"的阅读教学目标。围绕总目标，在第四学段（7—9 年级）的"阅读与鉴赏"9 个目标达成的教学过程中，我们想尝试用焦点讨论法来引导学生更清晰更有效地阅读文本，提高学生独立阅读的能力、领悟文本作者情感的能力。

一、关于焦点讨论法

焦点讨论法是一种引导学习的方法，是一种实用工具，也是一种思维方法。

焦点讨论法包括"O-R-I-D"四个层面，依次涉及四个思维层面：

客观性层面（Objective）：处理信息和感官的觉察；

反应性层面（Reflective）：有关个人的反应和联想；

诠释性层面（Interpretive）：关于意义、重要性和含义；

决定性层面（Decisional）：关注解决方案。

"焦点讨论法为学生提供了一种持续连贯的思考的过程，有结构地告诉学生如何围绕某一主题进行清晰的思考。"这种方法在语文阅读教学中的恰当运用，有助于教师成为学生学习的引导者，引导学生有效阅读，从而提高学生自主阅读的能力。

二、焦点讨论法在语文阅读教学中的运用

新课标围绕"文化自信、语言运用、思维能力、审美创造"四个核心素养来体现课程性质，反映课程理念，确立课程目标。9 项阅读目标中，对阅读的方法、速度、内容、数量、质量等都提出了明确的要求，且以附录的形式列出了"优秀诗文背诵推荐篇目"及"关于课外读物的建议"（皆考虑到经典作品对学生人生观、世界观、价值观的影响和引领，对学生精神、情感的

提升）。教师要对阅读目标逐条研究，然后在教学实践中科学规划、因"文"施教、因材施教，使阅读目标有效达成。例如阅读目标 4 是"欣赏文学作品，能有自己的情感体验，初步领悟作品内涵，从中获得对自然、社会、人生的有益启示。对作品中感人的情景和形象，能说出自己的体验；品味作品中富于表现力的语言"。新课标"教学建议"部分提出教师应"根据学生需求提供学习支持，引导学生完成任务、解决问题的过程中积累语文学习经验，培养未来学习和生活所需的基本素养"。

1. 以七年级《太空一日》阅读教学中运用焦点讨论法引导学生有效达成教学目标为例。

◆《太空一日》阅读教学引导设计

适用对象：七年级学生

情境：七年级学生要学习《太空一日》这篇课文，关于太空相关知识已通过网络、图书等进行了资料查询，对中国从神州 5 号到最近的神州 1 4 号载人飞船有所了解。

理性目标：结合已查询的知识，阅读全文并能概括主要内容；能清楚知道文中写了哪些事，并通过这些事让读者看到了一个什么样的人；让学生讨论文中的人和事，有自己的评价和体验。

体验目标：对未知的太空，人类的探索、勇敢。

◆讨论设计

开场白：《太空一日》究竟讲了一个什么样的故事呢？一天的太空经历，都发生了些什么事？

客观性问题：故事的主人翁是谁（什么人）？在太空的一天他经历了哪些事？然后呢？再然后呢？

反应性问题：当你读到他所经历的那些事时，你的头脑里出现了哪些画面？印象最深的是作者对哪件事的描述，找出其中你印象最深的词、句。

诠释性问题：读完这篇文章后，主人翁在你心里是一个什么样的形象？为什么？对于太空知识，你最感兴趣的是什么？

决定性问题：在未来的学习生活中，你认为这篇文章中的哪些内容会对你产生影响，你会怎么做？

结束语：假如你有机会遇到杨利伟，你会向他提出一个什么样的问题？下堂课提交答案，然后小组分享。

围绕单元阅读教学任务群设置某篇文章的阅读教学目标，从客观性问题、反应性问题、诠释性问题、决定性问题四个层面由点到面、由浅入深地进行问题导向，创设阅读情境，引导学生带着思考和文本对话、和自己对话，尽可能帮助学生通过教师的引导产生个性化的真实的阅读体验。

2. 以学生阅读课阅读交流设计为例

◆七年级第二学期期末读书交流会

情境：一个学期即将过去，学生在老师的引导下有一些阅读体验，本节课以小组为单位，给学生提供阅读分享交流的机会。

理性目标：向他人推荐自己读过的书，倾听他人的读书分享。

体验目标：阅读是一件让人有"想法"的开心的事。

◆讨论设计

开场白：本学期我们每个同学都读了自己选择的课外书，现在我们以小组为单位从以下四个层面来做读书分享和交流。

客观性问题：你看了哪些书？你今天要向大家推荐的书是哪本？这本书令你难忘的内容是什么？

反应性问题：在看这本书时，哪些内容让你惊讶、不安、紧张、害怕、感动……（描述你的感受），哪些内容让你联想到了自己的生活或有认同感？

诠释性问题：你觉得你可以从书中学到什么？

决定性问题：你觉得这本书中的哪些内容专可能会让你有所改变？你想推荐谁看这本书？或者说下一本书你想看哪一本？

结束语：分享和交流让我们从其他人的阅读中也有所收获，感觉到在阅读过程中我们不止读了一本书，并且对读其他书还有期待。

设计这样的交流分享的目的仍是突出学生阅读的主体地位，使学生能从中感受阅读的乐趣并喜欢上阅读。初中生课外阅读的数量和质量在很大程度上是受到语文教师教学方法和指导方法的影响。因此，教师在指导学生课外阅读时应当改变以往的观念，致力于创设阅读情境进行阅读导向，培养学生课外阅读的意识和兴趣，提升学生的阅读能力，将语文阅读教学的目标落到实处。

笃学，向善——为每一个学生的美好未来发展奠基

陈桂兰

贵阳市花溪区实验中学

引子：教育情缘——从教师到校长

从教三十六年，当校长十六年。我先后在厂矿子弟学校、城郊接合部学校、城市中心区学校担任过初一至高三所有年级段的语文老师兼班主任。不同的学校、不同的老师、不同的学生、不同的家长，常常会引起我的思考：

我们为什么要办学校？

孩子需要什么样的教育？

什么样的教育适合孩子？

家长交给学校一个孩子，学校将交还给家长一个什么样的孩子？

2002 年，我通过招考，来到贵阳市小河区第二中学任初中语文教师。2003 年，我被任命为这所学校的副校长，主持学校工作，一年后被任命为校长。在这之前，我一直在厂矿子弟学校的教学一线，担任过初一到高三各年级的语文教师、班主任，我也非常享受在自己的"责任田"里和孩子们一起成长的过程；担任过教研组长、年级组长、团委书记，在工作中小有成就，也积累了一些学校团队管理的经验。2009 年 8 月，通过"两推一述"竞聘，我任职小河区实验中学（现花溪区实验中学）的校长，一路思一路行，一直走到现在，还将继续行走下去……

一、学校组建背景及现状

1.花溪区实验中学组建于 2009 年 8 月（原名小河区实验中学，2012 年 12 月贵阳市区划调整，归属新花溪区后更名），是一所政府投资 3000 多万元，占地面积 29900 平方米，建筑面积 17918 平方米的新学校。由原贵阳市第二十五中学（建于 1966 年，是一所由地方政府举办的完全中学，后于 1999 年与柴油机厂子校合并）、贵阳市黔江机械厂子弟学校初中部（建于 1976 年，是"三线"搬迁工厂所建的九年一贯制学校）、贵阳市第三十六中学（建于 20 世纪 50 年代，原为贵阳市矿山机器厂子校）组建而成。学校教师（除即将退休的 5 位）、校级班子均是通过竞聘上岗形式入编。学生主要来源于贵阳市第二十五中学初中部、贵州省黔江机械厂子弟学校初中部的招生区划，建校当年学生整体平移。

三所学校虽在同一区域，但文化背景不同，学校建制不同，教师大多彼此没有交集。相似的是三所学校都有厂矿子校的"基因"。航天航空企业"追求卓越，航空报国"、崇尚"工匠精神"的企业文化对子校文化影响渊源深厚，子校的教师普遍都特别敬业，孩子也单纯好学，家长对孩子的教育也非常关注。原学校的教育生态环境可以说是基础良好。

2.学校现有两个教学区（2016 年新增占地面积为 19409 平方米的万科校区，距离本部校区直线距离 500 多米）。

3.学校现有教师 126 人，学生 1682 人，共 36 个教学班。

二、办学理念的思考与形成

（一）基于新组建学校的"人"的思考

1.联合国教科文组织认为"教育的首要作用之一是使人类有能力掌握自身发展"。人类有别于其他动物，是因为人类有思想、道德、文化和教育。

人作为个体，首先解决的是生存和发展的问题，随此而伴随着的是人类的物质的发展和精神的提升。把一个人转化为一个真正意义上的社会人，认识自然、认识自我、改变思维习惯、生产生活方式，是人类不断进化的结果，是在同文化碰撞中不断发展起来的社会意义上的单独生物个体。学校教育在人类学的背景下，才有可能认真地研讨个体的教育意义。

2. 学校教育的个体生命意义：个体来到世上第一要解决的是人的生存，而作为人类的生存必然包括人的发展，所以学会生存，就是学会生活、学会学习，如此才能有发展。发展的多元化，造成我们现在学校教学方式和目标的多元化。单一的评价和缺少终极生命关怀是缺少个体生命意义上的教育。教育就是让学生成为一个自我生命的实现者，教师因学生的成长发展同时实现自身的价值和发展。所以学校教育是依据这样一个过程：自然人—社会人—回归自然—实现人的生命意义。依据社会、个体发展的动力和程度，教育的发展能够更多、更好地促进人与自然、人与社会、人与人的和谐发展，同时这也是学校真实的生命力所在。

3. 现实学校中"人"的构成

师资：来自文化背景相近的学校，但由不同的管理模式和成长路径中走到新组建的学校；教师的教育教学理念、专业能力、专业水平不尽相同。

学生：来自不同的生活环境（厂矿子弟、城中村改造拆迁户子女、进城购房、经商及务工人员子女）及家庭背景的孩子。

家长：来自不同生活环境和不同文化层次、背景的家长对学校教育关注点的不同，对孩子成人成才的目标期许也有差异。

4. 现实学校所处的地理区域环境

学校位于贵阳市小河区（1993 年建贵阳经济技术开发区，2000 年经国务院批准晋升为国家级经济技术开发区），1993 年之前的小河是一个人口不足 10 万的小镇（隶属花溪区），开发区建立后，大批的三线工厂（航空航天、机电等军工企业）从原来的深山偏僻处搬迁至此，厂矿学校及学生也随迁而至。国家级经济技术开发区建立后，数十家房地产商也紧接着涌入，小河区域人口逐年递增（现已超过 40 万）。随着人口的增加，老百姓对优质教育的需求也愈加强烈，原有的教育资源不能满足老百姓对优质教育的需求，优质教育资源的缺口日益凸显。小河区实验中学（2013 年 12 月归属花溪区，更名花溪区实验中学）就是在这样的背景下组建的。

迄今为止，十几家房开商都在小河（现经开区）修了很多楼盘，但却很少有修建配套学校的。完全属于公办学校的，只有 2009 年大兴房开交付的一所小学，2015 年、2016 年万科相继交付的一所小学和一所初中。

教育活动是以"人"为中心的，无论是施教者还是受教者，都能在教育活动中获得成长（教学相长）是学校办学所追求的目标。一所新举办的学校想让师生在这儿都能得到更好的成长，人心齐聚是关键。学校组建之初把"聚人心"当成第一件大事来抓，提出"聚人心讲团结、促和谐共谋发展；抓规范求实效、重质量争创品牌"，希望以此为开端建设一个尊重人的发展规律、尊重教育发展规律的新的学校团队。

（二）基于新组建学校的文化定位的思考

一个学校的文化定位，应该是这所学校所有师生共同追求的价值体现和精神呈现。一所新组建的学校如何"聚人心"？首先要有共同的价值追求。学校教师共同的价值追求就是好好教书育人。怎样教书怎样育人，以及育什么人？这个问题成为学校组建之初老师们共同思考和讨论的话题，也是至今常常引发大家反思的问题。

孔子说"有教无类""因材施教"。蔡元培说："我们教书，并不是像注水入瓶一样，注满了就算完事。最重要的是引起学生读书的兴味。做教员的，不可一句一句的、一字一字的，都讲给学生听。最好使学生自己去研究，教员不讲也可以，等到学生实在不能用自己的能力了解功课时，才去帮助他。"据此，我们认为教师必须"学"在学生之前，"终身学习为人师"，以教师队伍的高质量达成学校教育教学的高品质，以师之"笃学"示范、影响、带动学生之"笃学"前行，师生共学共进。

党的教育方针提出的育人目标是"培养德智体美劳全面发展的社会主义建设者和接班人"，"立德树人"是学校教育的根本任务，"德"在首位，全面发展方可成人成才。作为义务教育初级中学，我们坚信：教育即成长；教育，是为了让师生遇见更好的自己。2009 年底，经过广泛征求意见和认真讨论，明确"笃学、向善、文明、和谐"为学校校训，育"笃学、向善"之新人，创"文明、和谐"之校园。在教育教学中践行党的教育方针，努力帮助学生成长为更好的自己，每个实验中学的教师都要秉持"为每一个学生的美好未来发展奠基"的理念教书育人。

（三）学校办学的价值观实践

对办学理念、办学思想的解读

1. 办学理念：为每一个学生的美好未来发展奠基。

《国家中长期教育改革和发展规划纲要（2010～2020）》指出：重点是面向全体学生，促进学生全面发展，着力提高学生服务国家人民的社会责任感、勇于探索的创新精神和善于解决问题的实践能力。建设教育强国是中华民族伟大复兴的基础工程，育"德、智、体、美、劳全面发展"之人，是基础教育的首要任务。"有教无类""因材施教"，让每一个学生都因为接受过教育而更有力量走在人生路上、更有信心成长为更好的自己。在初中阶段时学生身心成长期，人生观、世界观、价值观逐步形成期，因此，在这一阶段"为每一个学生的美好未来发展奠基"，帮助他们遇见未来美好的自己、美好的生活。

2. 办学思想：育"笃学、向善"之新人，创"文明、和谐"之校园。

"笃学"指专心好学，语出自《论语·泰伯》："笃信好学，守死善道。"对仁德和理想要笃信、要好学、要坚守，强调以求真务实的态度做学问。努力做到"笃学之，慎思之，明辨之"。学会生存、学会做人、学会合作、学会学习。

"积善成德，而神明自得"（《荀子·劝学》）。"向善"是人内在的最高的道德品质。心怀善意，愿意做对他人、对社会有益的事情。行事"勿以善小而不为"，交往"择其善者而从之"。"善"是做人的价值根基。人格中最核心的就该是对"善"的执着。"礼之所存，人心向善；礼之不存，人心不古。""向善"，应该是贯穿在学校教育中最重要的价值元素之一。学校旨在通过教育教学活动的实施在学生心里种下"善"，帮助学生能远离丑恶、心向善行、尽己之能、积善修德，成为一个有正义感、是非观、同情心、感恩心的人。"善"是一种修行，善良的人多了，我们的社会就会温暖和充满正能量！

"文明"一词，字典上解释为"社会发展到较高阶段表现出来的状态"。这个词与社会的发展进步有关，与人的良好修养、教养有关，文明就是做人的一种高度。学校对学生的文明教育不仅渗透到课堂上，以及各种社团活动中，还体现在日常生活的琐碎细节里，如：微笑问候师长、宽容对待同学、尊重他人劳动、不乱丢垃圾、不浪费资源、爱惜花草树木、遵规守纪，在校园行走"轻声、慢步、右行、有礼"，在社会做有公德意识的公民……

"和谐"是"和而不同""各美其美""美美与共"。我们把它理解为是通过"笃学""向善""文明"而达到的一种校园生态。师者潜心致力于"传道、授业、解惑"，学生专注于"勤学、好学、乐学"，构建师者之间、学生之间、师生之间的和谐氛围，营造教学相长、师生共进的育人环境。

3. 办学目标：教育，让师生遇见更好的自己。

"教育不是一个结果，是生命展开的过程，永远面向未来……因此，教师在开展教育教学实践活动时，非常重要的就是和学生一起成长。"教师以持续的专业学习与专业成长，去引领和带动并帮助学生健康成长，以师之"笃学、向善"教育影响学生之"笃学、向善"，共创"文明、和谐"之校园，让师生在学校教育教学活动实践中遇见更好的自己。

三、办学实践过程

1. 基于新组建学校现实的办学价值观的思考

树立正确的教育观和质量观，遵循教育规律和学生身心发展的规律"因材施教"，把"笃学、向善、文明、和谐"贯穿在三级课程（国家课程、地方课程、校本课程）及德育活动的实施过程中，使每个教师都秉持"为每一个学生的美好未来发展奠基"的理念教书育人，帮助学生成长为更好的自己。

2. 基于学校管理的思考

十几年的学校管理，我感悟最深的有两点：一是率先垂范、恪尽职责，即凡是学校要求老师要做到的，校长必须先做到、做好；二是学校管理要目标明确、制度完善、责任到人、措施得力、注重过程、不断超越。

作为一个政府关注、社会期待的新建学校，如何才能走得更远，为办人民满意的教育做出贡献？办学之始，学校就以"聚人心讲团结、促和谐共谋发展；抓规范求实效、重质量争创品牌"为工作抓手有条不紊地开展学校各项工作。"人心齐，泰山移"，要使全校教师对此目标达成共识，只有全校教师心往一处想，劲往一处使，始终坚持"为每一个学生的美好未来发展奠基"的办学理念，基于人的发展、社会的发展，做有根的教育，帮助学生成长为更好的自己，促进教师发展、学生发展、学校发展。

3. 基于教师建设队伍，打造软件品牌的行动

加强师资队伍建设工作主要从两个方面着力。首先是党员队伍和干部队伍的建设，突出党员、干部的示范带动作用；强化干部的"服务、服从、团结、执行"意识，牢固树立"学校事情无小事"的观念，干部心中有学校、心中有师生，能够目标明确、思想统一、团结一致，真正发挥一个"拳头"而非一个"指头"的作用，每一项工作都服务于塑造学校团队形象，有益于教师发展需求。在实际工作中不断强化干部的管理服务意识、管理目标意识、管理育人意识，使年轻的干部队伍管理能力和执行能力逐渐增强，能够克服各种主客观困难，主动积极地、创造性地完成各项工作任务。在此基础上以制度建设促师德建设和教师专业发展，使教科研工作、课堂展示等教育教学活动常态化并逐步向科学、高效的发展。

（一）教研活动规范化、常态化

（1）以教研组为单位，开展形式多样的教科研活动。如微型课题研修、组内公开课等，每月校级教研不少于 2 次。

（2）要求教师积极参加区市教研活动，制定《花溪区实验中学教师参加区、市级以上教研活动请假制度》

（3）立足课堂，开展行动研修

确定了每年4、5月为教学研讨课月。制定了《花溪区实验中学教学研讨公开课常规管理制度》，设计了课堂观察表、评课议课表。每年11月开展"好课堂"竞赛活动。每年6月、12月开展新教师汇报课活动。

（二）校本课程研修

（1）2010年开始引入"梦想课程"作为校本课程研修。

（由华东师范大学课程与教学研究所提供的针对"真爱梦想"而设计的独特的"梦想课程"，以培养全人为目标，以帮助学生成为"求真、有爱的追梦人"为价值追求，以学生适应社会所必需的健全品格和关键能力为课堂建构的主要方向，以合作、体验、探究为基本的学习方式，与基础教育国家课程互补的结构化课程体系。）

（2）2014年10月至12月我校教师参与"梦想课程"教材改编。

（3）2015年至今使用《共创成长路》教材继续开展研修活动。

（4）制定了校本研修课程管理制度、具体工作细则及其他管理方案。

（5）组织校本课程教师参加各级培训及交流活动。

（6）校本课程以教研组为单位开展教研活动，每月集中研讨不少于2次。

（7）制定《花溪区实验中学教师校本选修课学期量化考核细则》。

（三）教师专业成长

教师专业成长是学生成长、学校发展的第一生产力。

建立教师学习培训长效机制。

（1）制定《花溪区实验中学青年教师三年培养方案》，组织新老教师结对子，发挥骨干教师的示范带动作用。

（2）党员教师、骨干教师做示范，每月开展青年教师读书分享活动。

（3）依托市级名教师工作室培养青年教师。

（教师通过学校整体培训规划和自我培训规划参与学习、提升，以通过不断地学习促进专业成长，成为学生学习的"引导者"。迄今为止，青年教师的成长令人欣喜，300多人次获国家级、省市区级教育教学各类奖项。）

（4）依托省市级名校长工作室培养青年干部。

4. 以校本课程和德育活动为主要载体，增强德育价值导向。

学校所开设的课程和所开展的活动无一例外都贯穿德育，但借助校本课程和德育活动则是最重要、最直接的德育载体。

（1）"梦想课程"的开设（2012年开设。之前主要是《弟子规》诵读实践活动）和校园主题活动（校本班主任案例培训、德育年会、国旗下主题讲话、班团队系列主题活动、社会实践活动、社团活动课、体育节、艺术节、科技节、传统文化节活动——其间穿插初一年级的入学规范教育、初二年级的青春期教育、初三年级的社会责任教育等）让师生在其中践行"笃学、向善"，从而构建"文明、和谐"校园，也为学生的自我教育、自我发展搭建了平台。

（2）通过有目的、有计划、有针对性的以生为本的分学段教育、规范培训，以及"梦想课程"的开设等，培养学生良好的行为习惯、学习习惯，培养学生健康的人生观、价值观、世界观，帮助学生更加自信、从容有尊严地成长。

（3）社团活动课程个性化、德育化。学校根据学生个性化需求所开设的39个社团涵盖了文学、历史、科技、音乐、体育、美术、表演、书法、诵读等，旨在通过社团活动课程彰显学生的个性发展、学有所长，并在社团课程实施过程中培养学生的实践探究、认真钻研、团结合作的精神，帮助学生更加自信、从容地成长。

5. 开设家长学校，家校合力助学生健康成长。

联合国教科文组织认为，家庭是一切教育的第一场所，家庭要对学生负责情感和认识之间的联系及价值观和准则的传授。学生的协调发展要求学校教育和家庭教育互相补充，因此，家长与教师之间必须进行真正的对话。

学校通过开办家长学校，由校长主讲，主管副校长、年级组长、班主任、任课教师参与的家长培训会和沟通会，对家长进行教育理念、教育方法、教育技巧等的培训，努力帮助家长构建良好的家庭育人环境，使家庭教育更科学、更有效，形成有效的教育合力。

四、不忘初心，继续前行

1. 我们的办学目标真正达成了吗？

花溪区实验中学组建九年以来，学校中考成绩始终在本区域名列前茅，多次荣获了"教育教学目标考核一等奖"、中考质量"一等奖""进步奖"、2015 年获贵阳市教育教学常规评估"优质学校"……学生团队和个人在文体、科技等各种活动中也多次获奖。但是，作为校长，我常常想起的是那些没有获奖、不愿参加各种活动，甚至是常常给老师"找麻烦"，让学校"丢面子"的少数学生。在追求"为每一个学生的美好未来发展奠基"的教育之路上，总是有这样的学生让我对他们的未来感到担忧。如何帮助他们，让他们成长为更好的自己，是学校教育必须一直坚守的责任。

《国家中长期教育改革和发展规划纲要（2010—2020 年）》中指出："百年大计，教育为本。教育是民族振兴、社会进步的基石，是提高国民素质、促进人的全面发展的根本途径。"只有办一流教育，出一流人才，才能建设一流国家。教育需要一种信仰，只有虔诚地置身其中，我们才会和孩子一起成长，收获未来和希望。

2. 教师应该怎么做？

教育之道，止于至善。新时代教师不仅担负着传播知识、传播思想、传播真理之职责，更是担负着塑造灵魂、塑造生命、塑造新人的使命。做教师就是要执着于教书育人，有热爱教育的定力，有淡泊名利的坚守。每个教师都应该为学生全身心的付出，平等地对待每个学生，观察了解每个学生的具体情况。教师要不断地进修更新知识、要把自己的专业成长和专业水平放在能帮助学生提高学业水平和学习能力之上。每个教师都应该明白：我到底想让我的学生学到什么，我知道怎么能让我的学生学到，我会想办法帮助我的学生达到他应该达到的目标。基于此，教师会了解每个学生学习的阶段水平及其自我评价，对有特殊需求的学生制定帮助计划（不同于他人的个人学习计划），即教师更注重学生学的过程，关注学生的"最近发展区"，并帮助学生设定合适的学习目标，跟踪学生的学习进展，给学生提供及时的、具体的、描述性的反馈，并决定学生下一步的学习要求。这样教师才能确保学生在知识和理解、思维、沟通、应用等学习目标上达到相应的水平，确保每个学生的学业成绩（含每一个学习阶段的综合性及终结性评价）应该是他取得的最好的成绩。"笃学、向善"，希望通过教育习德，使学生成人成才，让人人都有人生出彩的机会。

3. 期待教育真正的改变。

德国教育家斯普朗格曾说过"教育的最终目的不是传授已有的东西，而是要把人的创造力量诱导出来，将生命感、价值感唤醒"。教育的目的不仅仅是传授知识和本领，更重要的是使学生获得发展自我的信心和能力。"教育是一群不完美的人领着另外一群不完美的人迈向完美的过程，也是两个不同群体实现爱心传递、责任践行和自我超越的过程。""为每一个学生的美好未来发展奠基"，教师应该并非只为学生成绩而教学，而是要用他们的责任、德行、专业去帮助、鼓励学生，激发、调动学生的学习潜力，使学生成为更好的自己。这是一种面对"人"的教育，就像面对一颗种子，把它放在适合的土地后，沐浴阳光雨露，静待生长。

"教育正在越出历史悠久的传统教育所规定的界限……它正逐渐在时间上和空间上扩展到它的真正领域——整个人的各个方面。未来的学习必须把教育的对象变成自己教育自己的主体。受教育的人必须成为教育他自己的人；别人的教育必须成为这个人自己的教育。这种个人同他自己的关系的根本转变，是今后几十年内科学与技术革命中教育所面临的最困难的一个问题。"

在学习中收获，在实践中成长

陈桂兰

贵阳市花溪区实验中学

2016 年 4 月，我有幸被遴选为贵州省第一批初中名校长培养对象，有机会在教育部中学校长培训中心进行了为期两年的学习培训，接受了省教育厅近 4 年的培训，于 2019 年 11 月被认定为贵州省第一批初中名校长。一路走来，在不断地学习、实践、反思，再学习、实践、反思的过程中收获着、成长着，在履行校长职责和发挥名校长在学校管理和教育教学改革中的示范带动和辐射作用中不忘教育初心，砥砺前行。

一、在学习中收获——智慧和信心

从 2016 年起至今，省教育厅名管办组织的校长培训学习始终没有停止过。在华东师大教育部校长培训中心两年的培训中，学习聆听了许多专家教授的讲学，获益颇多，也感慨良多。张俊华教授的《国外教育改革动态》让我了解了不同国家多元的办学体制及其教育改革，了解了未来教育的十大核心学习领域，并思考自己作为校长在学校课程体系建设中所能起的作用和所能做的事情；万恒教授的《家校合作》让我对自己坚持了十多年的家庭教育讲座《和孩子一起成长》更有自我认同感；对家校合作的目的：家长、教师、学生共同成长，给予成长的生命系统中需要的爱与被爱、被关注、被认可、安全感、价值等都有了更清晰的认识；韦保宁教授的《依法治校与校园安全》对我国教育法规及政策做了精准的解读，使我认识到校长依法治校、教师依法执教对学校健康发展、师生乐教乐学所起到的不可或缺的保驾护航的作用，依法治校使学校管理更规范、更人性化，也更具可持续力；依法执教使师生关系、家校关系更平等、更理性，也更有情感，从而更能彼此理解、彼此尊重；戚业国的《学校发展规划的编制与运用》帮助我们树立了正确的学校发展观，明确了学校发展的价值与目标追求，懂得了学校战略分析的基本方法及学校发展的管理战略；杨全印老师的《学校文化建设》引发了我对学校表面文化与深层文化建设的反思：如何更好地呈现和影响师生并自觉认同，且能在师生共同认可的价值观的引领下书写值得自豪的学校历史？还有沈玉顺教授的《我国中学课堂教学改革的观察与思考》、王俭教授的《促进教师专业发展的校长作为》、代蕊华教授的《基于标准的校长专业发展》、刘莉莉教授的《学校管理中的有效沟通》等，使我在认真学习之后对我十多年来的校长工作进行梳理和反思，发现在办学过程中，很多时候我都是凭着校长的"本能"在辛勤地"劳作"，凭着"本能"惯性向前走着。缺乏理论的指导，自然就缺乏认识的高度和深度，在工作中常常知其然而不知其所以然……

回到学校后，我有意识地运用在校长培训中心所学的知识指导我的工作，思考处理某件事应该如何才能更好地"发力"，怎样才能更好地找准"切入点"，感觉工作思路更加清晰，目标更加明确，收到了事半功倍的效果。比如说，我曾经两次在教师大会上运用刘莉莉老师在《学校管理中的有效沟通》中运用的引入沟通小游戏，和老师们一起认识到有效沟通在团队建设（教师、学生）中、在教育教学及其管理中的重要性。再比如说我把王俭老师的《促进教师专业发展的校长作为》"改编""剪辑"成《促进教师专业发展的自觉行为》和全校教师进行了"教师专业发展"的主题对话，对教师在专业发展方面的目标、内容、形式、必要性、重要性有了深入的、理性的思考。把韦保宁老师的《依法治校与校园安全》"照本宣科"地和学校管理层进行分享，起到了强化干部的法制意识和安全意识作用。

记得有一次校长培训中心组织我们参观了上海宝钢。"百炼成钢"使我联想到我们学习中"凝练教育思想"的环节，从几十年的教育生涯、十几年的校长办学经历中去"凝练思想"的确是一件复杂和费神的事情，但却是一件必需做的事。"钢水"只有经过复杂的"淬火"才能成为有形、有质、有用的"钢"，我们也只有用心细致地梳理我们办学过程中的点滴实践，再上升到理论的高度去反思实践，才能更清楚地思考"办什么样的教育、怎样办教育、为谁办教育"等问题，也才能在未来的办学过程中有更为符合教育规律，符合国家、时代对人才需求的教育思想和更好的修为。

在培训的后期有一个重要环节就是要求每个受训校长进行办学思想的分享，然后专家进行现场点评。每一个校长的办学思想分享，都再现了他们各自不同的教育实践的经历、路径、方法、追求……无论他们是在农村乡镇学校还是城市中心学校任校长，他们对教育的执着、坚守、忠诚、热爱都在他们的分享中凸显出来，他们用辛勤和智慧在校园里耕耘着，书写着自己的教育人生，追求着自己的教育梦想。他们的分享给了我很多感动和启发。苏霍姆林斯基说："领导学校，首先是教育思想上的领导，其次才是行政上的领导。"花溪区实验中学虽然只有10余年的办学历史，但秉持"为每个学生的美好未来发展奠基"的教育理念，我和老师们一起研究学生、学情、课程、课堂，一起在教育教学中实践、前行。专家们的点评更是让我受益匪浅。比如说文本结构要有系统性和逻辑性、文本的概念要一致，且内涵、外延的界定要一致、要注意概念之间的关联性等，帮助我们对照文本的基本规范去进一步修改自己拟写的文本。"校长首先要有理想抱负，其次要有信心，三是肯努力，四是讲策略，五是要长期坚持。""教育为社会育才，不仅关注个人，更要关注国家、社会对人才的需求。""学生在成长过程中获得什么样的'养料'，才能健康成长？校本课程如何体现？""思想是建立在昨天实践的基础上，它的力量就是为了明天更好地实践。""任何自我都是未完成的自我，任何思想都是未完成的思想。"等等，专家们这些闪烁着思想智慧的点评，让我对自己的办学思想、教育初心、责任使命有了更深层次的思考：立足当下实际，学校教育还应该做哪些事、怎样去做才能"为每一个学生的美好未来发展奠基"？我和教师们将进一步去梳理和反思（课程理念、设置、培训，教学模式、质量、评价……），然后脚踏实地地去践行。蔡元培曾说："教育者，非为已往，非为现在，而专为将来。"

学无止境。我会珍惜学习的机会，以学促思、以思促行，在学校管理的实践中不断提升自己的管理水平。

二、在实践中成长——引领和辐射

以"名校长工作室"为引领搭平台，从而促进教师专业成长之举措。

（一）建章立制，保证工作室活动顺利开展

根据《贵州省中小学名校（园）长工作室建设标准》制定了工作室方案、目标、考核制度，拟定了主持人、成员、学员的目标职责、个人发展规划，从制度上保证工作室活动的正常开展。

（二）"基地校"建设发挥示范作用

名校长工作室建在工作室主持人所在的学校，工作室的活动主要以此为"源点"开展。在这个过程中，我们姑且把主持人所在的学校作为工作室的"基地校"。由于工作室成员、学员在不同的学校，因此学校情况样态不一，管理模式也会有不同，在开展活动的过程中，我们把"基地校"抓教师专业发展作为成员、学员学校可以借鉴、复制的重点，充分发挥"基地校"教师专业发展的示范作用。

一是学习活动的示范。近几年来，"基地校"有目标有计划有针对性地组织全体教师以带着问题自读、专题阅读、阅读分享等多层面多维度的学习（如学习《关于全面深化新时代教师队伍建设改革的意见》、《中华人民共和国教育法》、《中华人民共和国教师法》、《贵州省"十三五"中小学教师继续教育管理办法》（试行）、《义务教育学校校长专业标准》、《中小学教师专业标准》（试行）、《义务教育学校管理标准》、习近平在全国教育大会上的讲话等，

阅读《从优秀教师到卓越教师》、《学校变革，我们一起来！教育引导者的 12
种角色》、《学习性评价行动建议 200 条》、《非暴力沟通》、《非暴力沟通实践
篇：任何场合都能平和而高效地沟通》、《联合国教科文组织教育理念典藏系
列》、《学校管理创意策划 60 例》、《教育魅力——青年教师成长钥匙》、《学
校管理从何入手》、《关键在问——焦点讨论法在学校中的应用》等书籍）。
在如何组织有效学习，以及阅读什么、为什么读、怎样读等方面进行了目标
制定、方案设计、实施过程、效果评估等都通过工作室活动分享给成员、学
员，以供他们在学校管理中借鉴。

二是名师骨干的引领辐射。"基地校"有正高级教师 2 人，副高级教师
21 人，市管专家 1 人、特级教师 1 人，省级名师 1 人，市级名师 3 人，市级
骨干教师 11 人、市级教坛新秀 7 人、区级骨干教师 21 人。先后有市级名校
长工作室 1 个（两批，2013—2019）、省级名校长工作室 1 个、省级乡村名
师工作室 1 个、市级名师工作室 3 个。在省名校长工作室的引领下，"基地
校"省市名师工作室从 2018 年 9 月至今共送培送教至全省 34 个区县市 30
余所学校 8000 多人，充分发挥了传、帮、带的作用，真正做到了"提升自
我，帮助他人"。"基地校"教师也在 2020 年 9 月至今在省市区各级各类教
育教学活动中获奖 193 人次。学校被省教育厅评为"贵州省中小学幼儿园教
师专业发展示范基地校""国培计划"等教师培养培训项目实施基地校。

以市级名师雷剑工作室的引领辐射为例。

雷剑是省级名校长工作室学员、省乡村工作站成员、市级名师工作室主
持人（2016—2019）、特级教师、正高级教师。他作为名师工作室的主持人，
主动承担起培养优秀青年教师的任务。他认为在专家的指引下反思自己的教
学是多年来被证实的提高教师教学水平的有效途径。名师工作室成立之后，
几乎每月都安排有活动日，工作室根据成员人数确定成员每人每月平均上公
开课的次数，工作室成员及领衔人会就课堂教学的各个环节给予指导，同时
成员们也会有机会在专家的指导下反复"磨课"，提高课堂教学水平，并针
对教育教学中的突出问题进行专题研究。名师工作室每开展一次教研活动，
都能带动一批教师努力设计、反思自己的课堂教学，并与同事分享自己成长的

经验。在实践的研究活动中，通过教师本身的参与、动手、体验等各种学习方式，使其在一次次地磨炼和反思中不断提高自己的教育教学能力和专业素养。

名师工作室积极为教师的科研实践活动和活动后的反思环节提供机会。教师的科研活动对教师的成长非常重要，但是反思环节也同样重要。因为只有通过反思，才能比较全面地看清楚所开展活动中存在的问题和不足，然后大家一起进行商榷，找到解决问题的好办法，也才能促进大家互相取长补短，积累经验，不断走向成熟，促进提升和发展。

"基地校"实施教师培养体系，制定教师专业发展五年规划及每年的行动计划。借助贵州省名校长工作室、贵阳市名教师工作室的资源，搭建教师成长的平台。2016年以来，76人次教师参加了教育部"老校长下乡（校）"贵阳市试点工程、贵州省初中陈桂兰名校长工作室乡村工作站送培送教活动、承担了"国培计划（2020）贫困地区"一对一"精准帮扶项目、国培计划（2021）——"百校扶百校""易搬点"学校教师素质能力整体提升培训项目。仅2021年，跟岗教师14人，送教送培、示范课60余场次，在为教育扶贫振兴乡村教育及结伴助力区域教育的过程中收获了专业自信、专业成长，履行了教育人的使命和职责。

优秀的校长应该是学校的一面旗帜，引领和带动学校的发展。名校长工作室将把"让校长成为学校的一面旗帜"的理念融进每一项工作中，把促进校长的自主成长当成一种使命和责任，在"引领、互学、实践、成长"中砥砺前行。教育需要一种信仰，做校长更是需要一种执着的教育梦想，只有虔诚地置身其中，我们才会和孩子、教师、学校一起成长，并共同收获未来的希望。省级名校长工作室六年的经历，还有2013年至2019年首批、第二批市级名校长工作室主持人的经历，是我近20年校长任职的经历中最重要的历史，因为在这些经历中，我不仅仅只是一所学校的校长，还是成员、学员们的"领头人"，不仅见证了一所学校教师的成长，也见证了工作室成员、学员的成长，以及他们辐射到的很多学校的教师的成长。"名校长"不只是一种荣誉，更是一种教育人的责任、使命与担当，即使只有一年多的时间我即将退休，但我想，我一定会继续履行职责，不负组织重托、不负使命担当。

教师在德育中的导向作用探析

陈桂兰

贵阳市花溪区实验中学

"师者，传道授业解惑也。"教师在对学生进行道德教育的过程中，应该用学生最能接受的方式，以增进学生的道德修养，突出德育的力量。面对模仿性、可塑性极强的中学生群体，最有效、最直接的方法在于教师自身的导向作用。教师在德育过程中的导向作用主要体现在几个方面，即情感导向、性格导向、思想导向和行为导向。

《论语·学而》云："弟子入则孝，出则悌，谨而信，泛爱众，而亲仁，行有余力，则以学文。"孔子以有德作为学习其他知识的基础，可见德育在很早的时候就已经被教育者列为对学生的首要要求了。

德育就是要教会学生怎样做人，这也是学校教育的首要工作，它将影响到学生一生的发展。苏联著名教育家苏霍姆林斯基在《培养全面发展的个性的问题》中指出："形象地说，道德是照亮全面发展的一切方面的光源，而同时它又是人的个性的一个个别的、特殊的方面。"同时他又说道："学校里所做的一切都必须包括道德意义。"这表明，德育在学校教育中占据着主导地位，而学校，又是对学生实施道德教育、规范教育和世界观、人生观、价值观教育的主阵地，是学生实现全面发展的重要基石。

那么，在实施德育的过程中，作为知识传播载体的教师，应该怎样对学生进行道德教育，以最有效的方式增强德育的效果呢？我认为，面对模仿性、可塑性极强的中学生群体，最有效、最直接的方法在于教师自身的导向作用。

教育必领是以人为本的，学生在教育教学中处于主体地位，这就决定了教师工作的主导性。怎样利用好教师的主导作用呢？最重要的是充分发挥教师在德育中的导向作用。导向作用，即教师通过树立学习榜样为学生提供示范学习的方向，并不断扬长避短，对学生道德的形成进行有效引导，激励和鞭策学生养成良好的德性。导，是教师实现教育教学目标的重要方法，是教师进行有效教学教育的必要手段。

一、情感导向——德育的基石

情感，是人对客观事物所持态度的体验。情感是影响教育教学质量的一个重要因素，它也是德育的一个重要方面。情感的缺失和错位对学生来说是很危险的，不仅影响到智力的发展，还常常导致学生或麻木、或偏激的心态以致出现极端的行为。中学生情感发展初期往往呈现出两个极端，得意时易忘乎所以，失利后又容易苦恼、悲观，甚至失去信心；一段时间后，会逐渐趋向稳定，情感的自我调节、控制能力随知识、智力、意志力的发展而逐渐提高，但却容易形成外部表现与内心体验不一致，导致抑郁的情感。教师应该重视通过情感教育和引导来培养他们的耐挫力，并深入到他们内心世界，综合一段时间内的全部表现做深入细致的分析，以便根据此做出正确的判断，因材施教。

随着年龄的增长，中学生情感的社会性倾向也日渐加深。友谊需求、集体荣誉感、社会责任感、义务感、正义感、民族自豪感等高级社会情感日益发展。教师应有效引导，促使他们形成正确的三观和高尚的品质。

熏陶感染，潜移默化，是正确实施情感导向的基本方式。从中学生情感的不稳定性与固有的叛逆性分析，这对这个阶段中学生的特点，可供采用的最佳教学方式是通过爱与尊重的方式对学生进行感染熏陶，从而潜移默化地促成他们健康情感的形成。

只有爱学生的老师，才能得到学生的爱。赢得了学生的爱，才能够得心应手地开展工作，才可以身手矫健地在教育教学这块园地里耕耘、播种和收获。教师对学生的爱具有很强的粘合力，"安其学而亲其师，乐其友而信其道。"教师对学生真诚的爱能营造出和谐亲密的师生关系和轻松有序的学习氛围，为教师更好地开展教育教学工作创设良好的环境。

尊重学生，就要认真地以平等的姿态面对学生，尊重他们的人格。教师要自觉地认识到师生之间是一种人与人之间的关系，在这种相互关系中，"人格平等，相互尊重"是必须遵循的一条基本原则。只有被尊重，他才有可能学会尊重别人、尊重社会。马卡连柯说过，我们的基本原则永远是尽量多地要求一个人，也要尽可能地尊重一个人。如果教师只要求学生而不尊重学生，忽略对学生人格的尊重，往往会导致学生的愤恨和叛逆，使教学工作难以奏效，甚至难以正常。一个学生曾向我诉说他对一个老师痛恨，就因为上课说悄悄话回答不出老师的提问就招致当众辱骂，老师那句"你简直就是猪"不但没有使他改正所犯的错误，反而极大地伤害了他，成了他恨老师的根源。如果一个学生恨他的老师，那么这个老师对他的教育注定是要失败的。

无论爱与尊重，教师对每一位学生都应是平等的，感情的天平要尽可能避免倾斜。对那些成绩差、纪律松弛"不求上进"的学生，应该给予更多的爱与尊重，孱弱的苗更需要阳光和养分，"差生"更需要老师爱的感化。一个老师是否真正热爱学生，主要应看他是否爱"差生"。平等地对待每个学生，公正地评价每个学生，是师爱的真正体现。平等的师爱，无疑会更好地引导学生学会爱自己、爱他人、爱集体，学会客观地评价自己和他人。能爱"差生"的老师，才能让学生对其产生信任而敞开心扉，才能摸清"差"的症结而"对症下药"。马卡连柯认为，培养人，就是培养他对前途的希望。教师应该让每一个学生都抬起头来走路。能给"差生"以希望的教师，他爱的天平就不会倾斜，他感情的天平上装着的应该是他给予所有学生的爱和全体学生回报给他的爱与敬。

爱与尊重于教学双方而言是互动的，一个爱学生、尊重学生的教师，也将会收到学生同样的爱与尊重。这样就能创建出一个和谐的教学氛围，形成科学、民主的教学风气，收到事半功倍的德育效果。同时，教师的爱与尊重在潜移默化中，又会对学生情感发生影响，这对于培养学生健康的情感体验有着重要意义，能为学生良好道德的形成奠定坚实的基础。

二、性格导向——德育的阶梯

性格是一个人对现实的稳定的态度，以及与人相适应的习惯化行为方式的心理特征的总和。人的性格是非常复杂的，它渗透于人的全部心理过程，主要是环境影响的结果。它的形成得经历一个漫长的发展时期，一旦形成就很难改变了。

中学阶段是人的生理、心理发展的关键时期，也是性格基本形成的关键时期，因而对中学生性格的培养也显得尤为重要。这一时期，学生的独立性和主动性发展很快，有明显的性格倾向而且同时又具有多变性和可塑性，受环境的影响很大。

中学生性格的可塑性往往容易使他们向着不利的方向发展，产生不良的影响，比如由于家庭及社会环境等多方面因素的影响，使他们形成依赖、任性、偏激、自私自利、冷漠、孤僻、情绪不稳定、社交困难等性格缺陷，亟须正确引导和帮助。教师要抓住中学阶段这一良好的性格塑造期，在教育教学中帮助学生克服性格中的缺陷和弱点，努力帮助他们形成热情、开朗、诚实、勇敢、果断、坚毅、勤奋、自信等良好品质，使他们成为具有丰富的科学文化知识、高尚的道德情操，同时又具有健康心理品质的真正的合格人才。

客观地说，教师对学生心理品德、性格审美的教育，是渗透于教学点滴中的。教师的一言一行，都在潜移默化地影响学生性格的形成。所以，在教学过程中，教师必须增强教育感染理念，用端正的思想和态度，以身作则，更多地影响、暗示学生。做到教书与育人双轨并重，加强对学生的思想、意志、情感培养，发挥榜样示范作用，严于律己、自尊、热情、乐观、敬业、公正，以理解、宽容、友善的情感去感染学生，并加强与学生的沟通交流，尊重、关心、爱护每一个学生。在言传身教中创设良好的教育情境，使学生在一个健康、文明的校园和班级环境中健康成长，形成良好的性格。

从以上对学生性格特点的分析可以看出，教师性格对学生产生的影响是显而易见的。一个性格冷漠、缺少责任心的班主任，所带班级的学生也会逐渐变得漫不经心，言行举止处于放任状态；而一个热情和善、办事认真、公道民主的班主任，所带的学生也会逐渐形成稳定积极的性格，做事踏实有责任心，待人热情友好，诚实谦虚。

因此，教师良好的性格是一种有效的教育因素，它对学生的一生都有可能产生深刻的影响。鲁迅先生青年时代留学日本时的老师藤野先生，是个温和严谨、工作态度认真的人，他高尚的人格，给鲁迅先生留下了终生难忘的印象。在《藤野先生》一文中，鲁迅先生深情地写道："他的性格在我的眼里和心里是伟大的，虽然他的姓名并不为许多人所知道。"我们今天所培养的是社会主义建设者和接班人，他们应该有宽阔的心胸，积极进取的精神，坚韧不拔的品质。作为一个教师，应该努力克服自身不良的性格特征，在教育学生的过程中用自己良好的性格去影响学生，引导他们个性心理的和谐发展。几乎没有人是个性完美的人，但作为一个教师，出于教育的职责，应努力在性格上尽量纠偏，不误导自己的学生，把学生的性格引导和培养得更为健康，为实现德育的目的搭起上升的阶梯。

三、思想导向——德育的目的

"中学德育工作的基本任务是把全体学生培养成为热爱社会主义祖国的具有社会公德、文明行为习惯的遵纪守法的公民。在这个基础上，引导他们逐步树立科学的人生观、世界观，并不断提高社会主义思想觉悟，使他们中的优秀分子将来能够成长为共产主义者。"（《中学德育大纲·德育目标》）

中学德育大纲对中学生德育目标的规定，体现出了社会主义德育的方向性和规定性，这就决定了教师在德育中所采取的方式不能只是单一的引导，还应该有具体的调控，应该对他们的思想发展进行方向性的引导和调控，把他们培养成为具有共产主义信念的社会主义建设者和接班人。

中学德育较浅层次的目的是培养思想作风端正、道德行为规范、遵纪守法的学生。社会上一些不良的、腐朽没落的思潮不时地侵袭着中学生稚嫩的心灵，而中学生又恰好处在半成熟的稚嫩状态，处在对一切似懂非懂却又带着些叛逆思想的时期，求知欲旺盛，好奇心强烈，接受新事物速度快，但也往往难辨是非。作为教师在这个时期尤其要注意对学生进行正面的、积极的思想引导，抓住一切机会对学生进行引导，强化思想方面的教育。

善于抓住机会对学生进行思想引导，当然比空洞的说教更容易让学生接受。在学校的田径运动会中，因在全班接力这个集体项目接棒时多次掉棒，使原本实力很强的某班屈居第二，还未跑完，掉棒的学生已为自己的失误而哭了起来，比赛结束后，全班大多数学生都痛惜而哭。对此，班主任及时地组织了"由掉棒所想到的……"主题班会，全班学生踊跃发言，他们自己分析掉棒的原因：平时训练中没有认真练习接棒、运动员间缺乏配合，比赛时当然会掉棒，他们由"掉棒"又想到了许多：在学习上，"掉棒"就会掉队，就会落后；在班级工作中，班干部彼此不配合，工作上就会"掉棒"，造成工作失误……总之，不管做什么事情，无论自己的实力如何，首先应该有充分的准备去面临挑战，否则，最终会输给自己，也会输给别人。就这样，教师抓住了一个学生自己教育自己的机会，这既让学生由此明辨了诸多方面得失的缘由，又增强了学生的集体荣誉感，增强了班集体的凝聚力。

事实上，对学生进行正面教育的机会是很多的，善于联系实际无疑会收到很好的效果。当然在面对学生进行正面思想导向的同时，还需注意学生的个性心理差异带来的个体思想差异，注意做个别学生的思想工作：A 学生家庭贫困，父母离异，有强烈的自卑心理，行为散漫，成绩差；B 学生成绩良好，但盲目自信，缺乏集体观念；C 学生性格脆弱，经受不起失败，接受不了批评……对此，教师应该做一个有心人，通过各种方式对学生的个性爱好、家庭背景、生活环境等洞悉入微，在课堂教学、课外活动、社会活动等诸多方面不失时机、灵活机动地为学生营造一个舆论正确、是非分明、抑恶扬善、积极向上的德育环境，那么，对学生正面的、积极的思想导向就一定会落到实处。

四、行为导向——德育结果的体现

如果说教师的情感、性格、思想无一不渗透到德育工作的各个环节，从多方面多角度对学生产生影响的话，那么，教师的行为将对学生产生更为直接的影响。孔子云："其身正，不令而行；其身不正，虽令不从。"董仲舒也说："善为师者，既美其道，有慎其行。"可见，教师在德育中通过榜样示范对学生进行导向是至关重要的。

学生的行为是德育最具体的体现，是德育最直接的结果。在学校教育中，教师自身的行为对学生的行为导向是最重要最直接的。米哈伊尔·伊万诺维齐·加里宁指出，一个教师必须检点自己，他应该感觉到，他的一举一动都处于最严格的监督之下，世界上任何人都受着这种严格的监督。一名素质良好的教师，从站在学生面前的那一刻起，就需随时随地检点自己的行为，随时反省自己在教育学生时的是与否，一定要避免自身不良行为带给学生的负面影响。教育学生，最忌说的一套，做的一套，言不由衷，言行不符。如总是训诫学生赌博的危害，但自己却常常忙碌于打麻将、买彩票之类；经常对学生强调要文明上网，自己却又常常深陷网络游戏不能自拔或浏览不良信息；教育学生要诚实守信，自己却常以假话搪塞学生；要求学生严守纪律自己上课却随意迟到；要求学生衣着整洁，讲究卫生，举止大方，自己却常常衣冠不整，不重视细节，随地乱扔废纸烟头；教育学生要有礼有节，团结同学，宽容大度，自己却常常因小事大动肝火、迁怒他人……凡此种种，都会大大有损教师的形象，并在无意间成了影响学生的不良行为导向，可能直接诱导学生不良心理的产生，使他们产生不良行为。

身教重于言传。教师的言行举止，是最直接可见的德育示范。因此，正人先正己，作为一名教师，一定要认真学习并践行《中小学教师职业道德》，要站在一定的思想高度严格要求自己，努力提高自身的道德修养和综合素质，时刻注意在学生心目中树立良好的形象。正如夸美纽斯所说，教师的职责是用自己的榜样去教育学生。

五、结语

综上所述，教师本身的人格对学生具有强大的教育力量，一言一行，一举一动，都在潜移默化地影响着学生。因此，教师的道德修养便成了教师的必修课，只有具备了良好的道德修养，才可能成为合格的教师。在过去相当长的一段时间里，提到学校德育，往往习惯地将其对象指向学生，在头脑中形成了"只有老师教育学生"的思维定式。长期的德育实践给我们的启示是，抓教师德育比抓学生德育更为重要。只有师德"立"住了，教育"立德树人"的根本任务才能落实。在学校教育中我们必领明确：教师的责任感高于一切，教师的道德形象、知识影响重于一切。学校的德育要重视全员观，所有教职工和学生都要成为德育的对象，又要成为德育的主体。正因为教师是学生的教导者，故教育主管部门和学校管理层要用更高的标准来要求教师，要把教师的德育摆在教育高质量发展的大背景下，摆在教师与社会、教师与教师、教师与学生互相监督鞭策的大环境之中。对教师的教育不仅要加强"三观"（世界观、人生观 价值观）和"三德"（职业道德、社会公德、家庭美德）的教育，强调为人师表和敬业奉献，尤其要加强对教师在教育教学过程中实践职业道德的引导、督促、纠偏、自我教育与管理考核的并举，以强化教师职业道德意识，提高教师德育示范的力量。

对于一个学校、一个区域的教育发展来说，政府及教育主管部门的硬件投入和资金支持固然是十分重要和必要的，但最重要的还是软件建设即师德的建设。教师德育的规范，许多时候需要行政约束的助力，《中小学教师职业道德》、学校对教师常规管理中的德育要求等，都从不同层面、不同角度体现了行政约束的导向和助力，我们应借此进一步规范和提高每个教师的德育示范形象，以增强教师对学生进行正面德育导向的力量，使德育取得更加理想的效果，加快教育发展的进程。

制度建设篇

制度建设：学校管理有效性的基石

陈桂兰

贵阳市花溪区实验中学

《现代汉语词典》对"制度"一词做如下解释：①要求大家共同遵守的办事规程或行动准则；②在一定历史条件下形成的政治、经济、文化等方面的体系。

俗话说：国有国法，家有家规。为什么要建立各种各样的制度呢？制度建设本身的目的，就是力求管理的有效性。推敲"求效"和"管理"两词，其意有相通之处，因为无论是什么样的制度建立，都是旨在促进管理的有效性，以求通过管理达成相应的目标。

一、学校制度建设

1. 制度建设

制度建设是为平衡组织内群体利益，维持其组织内的"公平"，避免组织秩序受到破坏而制定的。对于学校来说，构建一套科学规范的制度文化系统是学校管理有效性的前提条件和重要保证，有利于提升学校的办学水平，促进学生发展、教师发展、学校发展。

2. 制度建设的作用

2.1 指导性和约束性。制度对相关人员做些什么工作、如何开展工作都有一定的提示和指导，同时也明确相关人员不得做些什么，以及违背了会受到什么样的惩罚。因此，制度有指导性和约束性的特点。

2.2 鞭策性和激励性。制度有时就张贴或悬挂在工作现场，随时鞭策和激励着人员遵守纪律、努力学习、勤奋工作。

2.3 规范性和程序性。制度对实现工作程序的规范化，岗位责任的法规化，管理方法的科学化，都起着重大作用。制度的制定必须以有关政策、法律、法令为依据。制度本身要有程序性，才能为人们的工作和活动提供可供遵循的依据。

二、制度建设与学校管理的有效性

在学校管理上，管理者的智力、知识、能力以及想象力等都是能达成管理目标的重要资源，但其所能达成的是有限的。唯有"有效性"能将这些资源转化为成果，而制度建设及其实施则是"有效性"的最重要因素。

1. 制度建设的原则

1.1 合法性。制度建设是依法治校、依法执教的前提条件和根本保证。以制度促管理，靠管理上台阶。学校的管理可能涉及管理制度和管理活动两个层面。不管哪个层面违了法，出现了问题，造成了师生伤害，都说明管理有漏洞，对此学校就要承担相应的责任。这就要求学校应该认真研究教育法规及相关的其他法律法规，在此前提下逐步制定完善的规章制度、健全的管理体制和相应的管理运行机制，确保管理活动能依法、有序、有效地运行。

1.2 适时性与长效性。必须依据学校的实际情况（如师生现阶段的状况、学校在教育教学工作中所面临的具体问题、学校的发展目标等）来建设相关的管理制度，并且在实施的过程中不断完善。在制定规章制度前要广泛征求教师的意见、建议，通过年级组会、职工代表会、校务会等多层次、多角度讨论后，再颁布实施，以避免制度朝令夕改，保证制度的适时性与长效性。

2. 学校管理的有效性

在日常的教育教学活动中所涉及的管理工作，主要是指如何运用人力与物质（包括财力）资源，如何决策（设法解决目前及未来之问题），以及如何协调已经决定并在进行中的各项工作，以努力达到师生员工的努力方向一致，时间及步骤不冲突。从词义学的角度看，管理一词有三个义项：第一，负责某项工作使顺利进行；第二，保管、料理；第三，照管并约束。显而易见，学校管理所指的是第一个义项。

学校管理的有效性，即是指要靠切实可行的制度建设来促使学校的教育教学顺利进行。学校管理的有效性，最终体现在学校的发展上——学生的发展、教师的发展、学校的发展及对所属区域教育的发展所产生的影响。要达到这个目标，我们不妨从以下几方面来探讨一下。

2.1 历史的原因使制度的实施遭遇惯性的抗力，经济条件的因素的限制使激励机制难以发挥其激励作用。如某校从加强学校管理的需要出发制定了《教师考勤制度暂行办法》，但由于历史上学校很长时间没有真正实行坐班制和严格的请销假制度，所以在制度实施期间，随意迟到或提前下课、下班现象仍屡有发生，且有的教师认为教师原本就是"自由职业者"，能进教室上课就可以了，不必过于苛求。还有某校制定了《年度目标考核奖惩办法》即年终奖金分配方案，可由于资金有限，表现优秀者与其他人员的奖金差距不大，如此差异并不能真正达到奖优罚劣的目的，反而有可能会挫伤某些教师的积极性，助长某些教师的惰性：就那么点钱，谁爱干谁干，干好干坏又能怎么样？尽管我们知道，教育是需要一种无私奉献的精神，也有很多一线教师为学生倾尽心血不图回报。但是随着社会市场经济的不断发展与冲击，学校不再是一个封闭的体系，人的价值观也会随之发生变化，我们会发现纯精神的东西很难支撑起教育的天空。特别是现实生活中人们重在以分数给学校排位，以分数评价教师，这常会使有些老师感到气馁，尤其是对偏远地区学校和中心区学校的比较（付出与收获），会使这种落差感更大。于是在教育教学上，边远地区的某些学校就可能会出现非良性循环：生源素质差、教师素质参差不齐—教育教学成效低—学校社会信誉度低—好的生源师资逐渐流失。

制度的形成及实施，既要打破人们原有的思维方式、观念定位及行为模式，又要取得绝大多数人的认同，还要考虑到很多人的利益得失及管理的效率效益问题。要解决诸多对立统一问题的协调发展谈何容易，这将是一个痛苦而又漫长的过程。因此，在制度建设方面，很难设想会出现那种"一夫当关，万夫莫开"的局面。

2.2 学校管理要有效顺畅，坚持"陈力就列，不能者止"的用人原则是关键。制度建设的要义就是要避免"人治"而达到公开、公正、公平的管理层次，即制度面前人人平等、机遇均等。但我们客观地来评价某些学校管理的现状，仅就用人机制来说，远没有达到制度化的层次，学校需要的人才可能由于各种原因很难进，不称职的教师退不掉等现象屡见不鲜，教师队伍的优化，障碍重重。现行的人事制度使"公办"学校的体制很难发生根本性的变革，求"稳"仍是体制改革所必须关注的一个重要问题。国家如果没有政治体制干部人事制度的深化改革，缺乏整体制度与单一制度的配合，那么学校内部管理制度的改革将寸步难行，在改革中遇到的深层次的根本矛盾也不会得到较好的解决。可喜的是，事业单位人事制度改革已逐步铺开，但愿这一改革能真正使学校管理的弊端（如因人设岗、人浮于事、不同工却同酬、论资而非论能力评职晋级等）得以改善，逐步建立起一项内外结合、综合配套的整体改革的管理体制。

2.3 管理和制度的辩证关系。

我们可否把管理做此理解："管"是制度的建设与实施，是制度与人、制度与物的关系的确定，规定在某种条件下人与人、人与物人与事（如教师与教师、教师与学生、学生与学生、师生与学校等）的关系，是一种规定性的约束，力求在规范中寻求发展变化的途径。制度要尽可能地使这些关系规范化、系统化，从而促使学校有序的良性发展，那就需要有"理"，即梳理、理顺各种关系。制度是人制定的，而制度能否在实施过程中"活"起来，关键在于是否重视不同层面的实际需求和情感互动。制度建设能真正从实际出发，以人为本，才能使各种教育教学条件得以优化并协调发挥作用，并收到最好的教育教学效益。

3. 怎样实现管理的有效性

首先，学校管理体制是一种行为科学。行为科学把以"事"为中心来管理，由原来对"规章制度"的研究发展到对人的行为研究，更注重研究制度和人之间的相互关系，由原来的专制型管理向民主型管理过渡。制度建设不同于硬件投资的立竿见影，是通过实施制度所达到的管理的有效性，取决于管理者、被管理者、直接上级、同事、组织、工作要求和时间限制之间的相互作用。这些因素中的任一因素发生变化都可能带来其他因素的变化。所以，在管理中要遵循一个根本原则，即在具体的环境条件下要具体地分析和解决在管理现实中各种人的心理问题。要针对师生员工的心理现实去开展管理工作。务必努力避免管理活动趋向与人们心理活动趋向的相悖性，注意防止不利因素造成的消极心理对制度实施所形成的阻碍。管理者要充分重视教师的心理需求（如基本的生存需要、安全需要、尊重需要、实现自我价值的需要等）。美国学者马斯洛在《动机和人》中提出了"需要层次论"，他认为，人的行动是对于没有满足的需要的追求，人需要的满足度与人的行为密切相关，满足度的大小决定人的行为的强弱。对教师来说，最大的动机需要是能感受到职业上的自我价值、信任、尊重以及成就感。由此可见，教师个体需要的满足与其工作成绩是相联系的。这种需求要求管理者应充分发扬民主的作风，使广大教师成为制度建设的参与者，如此才能充分调动人的积极性，充分发挥人的主观能动性，从而增强学校管理的有效性。管理心理学的研究表明：只要团体成员以不同形式参与制定管理制度等方面的工作，就会使管理者和被管理者之间的关系更加密切，从而大大提高管理的效率。因为认同往往是由参与来决定的，只要参与，就会有自我价值的实现感、心理需要的满足感，最终会对学校目标产生认同感。

　　其次，制度的合理性、创造性、先进性是管理有效性的前提条件，尤其在新课程改革实施的今天，教育教学理念更具前瞻性，其先进性更是必然的。制度管理并非生搬硬套，管理多半是为了未来的活动，有效的管理过程应是富于创造性和探索性的，它借助于合理的体制和有效的评价方式、激励机制，把本来联系不是很紧密的人、财、物、事、时空等综合在一起，不断优化它们之间的组合方式，以实现新的管理目标、达到高效的管理效果。

贵阳市花溪区实验中学教育教学管理制度

为更好地开展学校教育教学工作，使学校教育教学管理更具规范性、实操性，现根据贵阳市教育教学相关文件结合我校实际制定教育教学管理制度。

一、教学计划的相关要求

1.制定计划前，所有教师要做到"三个熟悉"。

熟悉课程标准：明确本科教学的目的任务，了解教学内容的安排，弄清本科教学应遵循的原则。

熟悉教材：通读教材，理解教材的内在联系，明确各章节在整体中所处的地位，明确本学期的教学要求和教学重点、难点。

熟悉学生：主要熟悉学生"双基""能力""学风""方法"四个方面的情况。

2.教学计划要具备以下内容：

（1）对教材内容、实验的补充、删减或改进意见。

（2）提出落实教学任务的要求，提高质量的改进措施和意见。

（3）教学进度，课时安排。

（4）"尖子学生""学困生"的跟踪培养措施。

3.实施措施及要求：每学期提前一周制定规范教学计划，教务处在开学前对教师的教学计划进行检查和督导落实。

二、教师备课的相关要求

1. 教师提前一周备课，要求教师必须认真备课。熟悉课程标准、通览教材，分析学生学习能力、知识掌握情况进行备课。

2. 一般应包括教材分析、学情分析、教学目标、重点、难点、教法、学法、课时安排、教学准备、教学设计、作业、课后反思等内容，做到备学生、备教材、备方法，做到个人备课与同科同年组教师集体备课相结合。

3. 教师使用电子教案进行二次备课的要求：

（1）教师在上课前必须根据自己的教学特点和所教班级的学情进行有针对性的备课，根据学生的需要和自己教学的素养及风格，采取相应的措施，修改、调整集体备课设计的教学过程，对集体备课的内容进行标、增、删、改、调，形成可操作的、针对性较强的教案，以增强课堂教学的针对性和实效性，完成二次备课。

（2）二次备课要根据他人完成的电子备课，针对不适合本班学情的环节要加以改动，对整个不适合实际情况的教学思路做必要、合理的修改，在原有的设计基础上增加自己的创新备课内容。

（3）总体要求是做到"标、增、删、改、调"，具体做法如下。标：标记原教案中的重点环节、重点问题、主要知识点以及典型性、易错性问题等内容，以便在教学进程中引起注意。增：增加自己认为必要的教学内容、教学方法，对原教案中有关环节补充具体说明。删：删除原教案中自己认为不必要的教学内容环节，写出自己的见解。改：根据实际情况修改原教案中不适应本班教学的教法和学法。调：根据需要调换教学内容及教学环节的呈现形式，调整原教案中过程设计的先后顺序。

4. 要做好教具、演示、实验等准备工作。

三、教师上课的相关要求

1. 教师上课必须带教案，不迟到、不提前下课、中途无特殊情况不得离开教室，认真组织教学。坚持由始至终全过程，调动学生的学习积极性，要特别重视非智力因素的作用，做到既教书又育人。

2. 教学原则：科学性和思想性统一，理论联系实际、直观性、启发性、循序渐进、巩固性、因材施教等。

3. 每一节课要教有目的，练有中心，学有效果，观点正确，精讲多练，避免满堂灌。

4. 语言要准确、鲜明、生动。板书有计划，书写工整、规范。

5. 教师无特殊情况在上课铃响后五分钟后进入教室，算迟到。教师无特殊情况在上课铃响后十五分钟后进入教室，算旷课。教师提前五分钟下课，按迟到处理，教师提前十五分钟下课按旷课处理，上课迟到十次以上，旷课三次以上，当年年度考核不合格。

6. 教师按课表上课，如需调整课程安排，需经教务处同意，教务处同意后，由教务处统一安排。若教务处不能统一安排，可委托教师自行安排，教师自行安排需办理正规手续、填好调课单，自行调整课程要报教务处备案，若教师无教务处同意自行调整课程一次，双方按旷课一次处理。

7. 教师在学校需要安排代课时，应积极服从学校工作安排，对学校代课安排无特殊理由不服从的，拒绝一次按旷课处理，拒绝三次以上者，年度考核不合格。

8. 学校倡导教师业余时间积极参加上级和学校组织的各种社会招考工作，承担社会义务，并将其纳入职称评聘和评优评先打分评价体系。学校确实需要教师参加此类工作，教师有义务顾全大局，服从学校工作安排，履行社会义务。

9. 教师工作时间，无特殊情况，必须服从学校工作安排，有意见和建议的可在服从工作安排的同时，可向学校校务会提出。

四、教师教学辅导的相关要求

1. 教学辅导指在规定的教学课时以外，进行培优辅差，解答问题、指导练习等教学活动，是全面提高教学质量的有效辅助手段。

2. 辅导要因材施教，要有目的、有准备、有重点地进行。提倡教师主动对学生进行个别义务辅导。杜绝教师有偿辅导，教师对学生进行有偿辅导一经查实，按教育局相关规定处理。

3. 学校提倡教师对优秀生、特长生进行辅导以及各种学科竞赛和技能辅导，帮助学生提高获奖的概率，并将相关教师辅导成绩，纳入职称评聘和评优评先打分评价体系。

五、作业的布置、批改相关要求

1. 每学期教研组内的教师应该开展作业专题研究活动，对教材上的作业进行具体研究，确定学期内的作业范围、作业要求等基本内容。

2. 教师的作业布置应根据学生的学情，为学生精心选择作业，作业要保证基础性和时效性，杜绝机械重复的作业，不得布置惩罚性作业，尽量避免大量重复式抄写作业。同时教师应该根据学生的不同学情和学习能力，对不同层次的学生布置不同层次的作业，为不同的学生的学习创设不同的作业空间。

3. 作业的形式应该多样化，科学设计作业内容。要根据学科以及学生的年龄特点，积极探索作业的形式，可将作业分为课堂作业、家庭作业、课外实践作业等。重视培养学生自主学习意识、探究和创新能力，丰富作业类型，把预习巩固类和阅读、探究、实践、体验、合作等类型相结合，使学生所学知识得到巩固练习，引导迁移运用，切实减少简单记忆、机械重复的作业频次。

4. 严格控制学生家庭书面作业总量，任课教师要指导学生在校内完成大部分书面作业。初中生每天的家庭作业总量不超过 90 分钟。确保学生睡眠时间充足，初中生睡眠时间不少于 9 个小时。

5. 教师尽量在每节课下课前当堂布置作业，学生需自行准备"作业记录本"。严禁利用手机，通过 QQ、微信、钉钉等方式布置作业。

6. 严禁教师要求学生利用手机完成作业。

7. 合理使用多种作业批改形式，有布置必批改，做到全批全改，分析学生作业中的问题，反馈改进教学过程。教师作业批改过程中使用评语要适宜，根据学生的年龄、心理和认知评价。对学生作业的评价，一般采用"等级、激励性语言、符号"，注意保护学生的积极性。

8. 提倡面批与集体讲评相结合，教师应及时向学生反馈作业批阅结果，共性问题集体讲评，个别问题单独交流，要引导学生根据批改结果分析学习存在的问题，建立错题本，更好地开展后续学习。

9. 作业应该及时批改，批改时使用红笔采用打"√"等形式，作文一般在一周内批改完成外，其他作业一般在当天批改。严禁要求学生对作业进行自批自改，严禁要求家长批改学生作业。

10. 对于学生作业中错误的地方，教师应该要求学生及时订正。然后按照作业的基本要求书写，教师及时对学生订正的作业进行批改。

11. 对不能按时完成作业的学生进行针对性地帮助和辅导，并适时地调整作业量。

六、教师听课、评课要求

1. 教龄在 5 年以上的教师每学期听课 10 节。教龄在 5 年以内的教师每学期听课 20 节。校级干部每学期听课 30 节。中层干部每学期听课 20 节。

2. 教师听课形式不限，可以是随机的推门课学习，也可以是同学科的集体备课交流，还可以是参加教育教学活动的听课。任何上课教师都无权拒绝他人听课学习。

3. 听课中要做好观察和记录：观察老师的讲课情况和同学积极回答问题

的情况，做好笔记。教师听课记录要翔实，书写要工整，项目要齐全。

4. 听完课后及时进行评课。评课本着互相尊重、互相学习，互相促进的原则。评课交流要及时，建议要中肯。评课要立足学科特点，课型特点，阶段特点，听课目的特点来进行。一方面要看教师的主导作用，要看教师对教学目标的完成情况、看对教材的处理能力、课堂组织能力、教育资源的综合利用能力、教学手段的应用能力、课堂教学的语言表达能力、随机事件的处置能力、要看教学活动中师生时间的分配比例；另一方面，要看学生主体作用的发挥、要看课堂的学习氛围、看参与课堂的人员数量和时间、看学生的自主学习习惯养成、看学生实际的活动效果等方面。评课要优缺点兼顾，观点要鲜明。

七、学生评价

科学地评价学生的发展水平，关注每一个学生的发展现状及未来发展趋势，使学生明确自己的努力方向，从而促进学生的健康发展。初中学生综合素质评价要贯穿于学生良好思想品德和心理素质的培育、创新精神和实践能力的培养、个性的发展和合作能力的培养、学业成就提高和健康生活方式的培养等全过程。面对全体学生，帮助学生树立自信心、激发学生的积极性、主动性，鼓励学生勇于进取，不断完善自我、发展自我，实现学生自我认识和自我教育。

学生综合素质评价包括思想道德、学业水平、身心健康、艺术素养、社会实践、特长发展六个维度。

1. 思想道德。主要考查学生道德品质和公民素养两个方面；重点记录学生参与重大集会仪式、参加团队活动、参加德育主题教育活动、参与志愿服务活动、遵守中学生守则和校纪班规、诚信记录六个层面的情况。

2. 学业水平。主要考查学生知识技能、学习情感、科学素养三个方面；重点记录学生课堂表现、学业水平测试、参与课外阅读、学科实践活动、研学旅行活动、科学兴趣培养六个层面的情况。

3. 身心健康。主要考查学生体质健康、运动技能、意志品质、人际交往、健康生活方式五个方面；重点记录学生在参与身体机能测试、养成体育锻炼习惯、掌握一项运动技能、积极面对生活困难与挫折、掌握交际与合作能力、良好生活习惯六个层面的情况。

4. 艺术素养。主要考查学生在艺术素养培养中形成的审美情趣和艺术技能两个方面；重点记录参与各级各类艺术活动、掌握一项艺术技能两个层面的情况。

5. 社会实践。主要考查学生在社会实践活动中的参与意识、实践能力和绿色环保三个方面；重点记录学生参与各类劳动、参加社会实践、参加环保公益三个层面的情况。

6. 特长发展。主要考查学生在民族民间文化传承和特长发展两个方面；重点记录学生对民族民间文化传承方面的表现与成果，以及体育、艺术专业领域以外的特长发展及获得个人荣誉的情况。

八、教师参加学校教育教学活动的考核要求

1. 学校半期考试工作在教务处、年级组、教研组的组织下进行，教研组负责组织命题、年级组负责考务安排、教务处进行统筹安排。期末考试由教务处统一组织安排。

2. 教研组负责组织学校的半期、期末考试的改卷、登分的工作，教师有义务服从教研组长的工作安排，认真履行工作职责，半期和期末考试等重要考试教师都不得让学生参加改卷工作，若学校发现教师让学生参加改卷工作，对当事教师进行批评教育。

九、学校体育、音乐、美术课外活动的相关要求

1. 学校体育、音乐、美术课外活动是体育、美术、音乐课堂教学的延伸，是学校教育的一个重要组成部分，是促使学生身心健康发展，培养其个

人才能爱好和特长的重要场所。指导好体育课外活动是学校及体育教研组长、体育教师的职责，同时做好开展工作的相关方案和安全预案。

2. 活动包括体育锻炼、运动队训练、文艺社团活动、运动会、科技月活动。

3. 活动列入学校活动总表，不得任意冲、占和挪作他用。如发生时间上的冲突由校长办公会加以协调。

4. 保证学生每天有一小时体育活动的时间。

5. 学校提倡教师对优秀生、特长生进行辅导以及各种竞赛和技能辅导，帮助学生提高获奖概率，并将其纳入职称评聘和评优评先打分评价体系。

十、教师教育惩戒管理要求

根据《中小学教育惩戒规则（试行）》的相关要求实施：

1. 学生有下列情形之一，学校及其教师应当予以制止并进行批评教育，确有必要的，可以实施教育惩戒：

（1）故意不完成教学任务要求或者不服从教育、管理的；

（2）扰乱课堂秩序、学校教育教学秩序的；

（3）吸烟、饮酒，或者言行失范违反学生守则的；

（4）实施有害自己或者他人身心健康的危险行为的；

（5）打骂同学、老师，欺凌同学或者侵害他人合法权益的；

（6）其他违反校规校纪的行为。

2. 教师在课堂教学、日常管理中，对违规违纪情节较为轻微的学生，可以当场实施以下教育惩戒：

（1）责令赔礼道歉、做口头或者书面检讨；

（2）适当增加额外的教学或者班级公益服务任务；

（3）课后教导；

（4）学校校规校纪或者班规、班级公约规定的其他适当措施。

3. 教师在教育教学管理、实施教育惩戒过程中，不得有下列行为：

（1）以击打、刺扎等方式直接造成身体痛苦的体罚；

（2）超过正常限度的罚站、反复抄写，强制做不适的动作或者姿势，以及刻意孤立等间接伤害身体、心理的变相体罚；

（3）辱骂或者以歧视性、侮辱性的言行侵犯学生的人格尊严；

（4）因个人或者少数人违规违纪行为而惩罚全体学生；

（5）因学业成绩而教育惩戒学生；

（6）因个人情绪、好恶实施或者选择性实施教育惩戒；

（7）指派学生对其他学生实施教育惩戒；

（8）其他侵害学生权利的行为。

贵阳市花溪区实验中学教研组长工作管理制度

教研组长在教务主任、教科主任领导下，负责本组教师政治思想、教学、教研和业务提高工作。

一、教研组长要率先垂范，以身作则，做本学科的带头人，团结全组教师，形成优良的教研组风气。

二、紧紧围绕学校的中心工作，根据教学要求和学生实际制定和落实教研组工作计划。每学期结束时，及时写出工作总结。

三、负责促进教师业务水平的提高工作

1. 坚持教研组业务学习，保证每月一次教研组活动，每次组会要有一个研究专题。开展名师工程，教研组长首先要成为学科带头人。要求本学科每个教师制定业务提高计划，并在教学中督促检查，落实措施。

2. 要保证集体备课的制度化、常态化，集思广益，促进个人业务水平的提高。

3. 根据学校教师总体的培训计划，制定适合本学科实际的青年教师的培养计划，根据各学年备课组的人员配备，组成新老教师合作对子；保证青年教师每周听课不少于两节，老教师也要经常听青年教师的课。坚持青年教师汇报课制度，指导青年教师上好汇报课。

4. 教研组长应与区、市教研室保持经常性的联系，参加区、市教研室组织的活动，及时收集信息，积极向上推荐有发展前途的青年教师。

四、管理教研组日常教学事务

1. 组织双周一次教研组活动；

2. 有针对性地指导各年级备课组工作；

3. 组织、指导各年级课外兴趣小组，组织学生参加各级竞赛，成立竞赛指导小组，制定特长生的培养计划，争取各级竞赛的好成绩；

4. 审定期初、期中和期末考试的命题，组织好考后的质量分析工作；

5. 了解、检查、指导本组教师的教学（如听课、检查教案、作业、协助备课等），协调本组教师之间的工作关系；

6. 协助教务处做好每学年的任课安排工作，协助教务处安排好本学科的代课；

7. 组织好全组教师参加活动教研组、校、区和市各级的教学技能比赛、公开课、研究课、观摩课等工作；

8. 定期向学校主管部门汇报本组工作情况，及时提出合理的建议与意见。

五、组织本学科教改、教研、业务学习工作

1. 关心教改动态，带领教研组学习先进的教学思想，抓好教学理论的学习，形成浓厚的学术风气；

2. 每个教研组要有科研课题，每个教师都要参与科研，并在每学期结束时，写出科研实验报告和较高水平的科研论文；

3. 评选推荐组、校、区、市各级优秀青年教师；

4. 组织教师参加市、区、校各级的教学改革试验活动；

六、树立全校一盘棋的思想，配合各部门的工作

1. 协助教务处加强对本教研组负责的实验室和专用教室的管理。严格执行学校教学仪器、设备设施管理和使用制度。在每学期结束时协助总务处一同进行账物核查工作。

2. 配合学校组织的运动会、科技节、体育节、校报等工作，主动完成任务。

贵阳市花溪区实验中学校本教研活动制度

校本教研活动制度主要是围绕教研组如何落实学校教育教学计划、提高教师教育教学专业化水平而制定的保障性条款，以保证教研活动能够井然有序，并有效地开展。

1. 教研组要根据学校教师教学的实际情况，对照教改精神，以及学校的教改部署，编制切实可行的教研活动计划。

2. 按照计划开展教研活动，关注计划执行过程中的问题生成，并视具体研究情况作小范围调整。

3. 教研活动定期开展，两周一次，每次 90 至 120 分钟。

4. 每次教研活动要有主题、有目的、有内容。

5. 教研活动形式丰富，做到集体研修与个别学习相结合。活动前有预告，活动中有记录，活动后有评价，并及时对相关资料进行收集与整理。

6. 教研活动一般由教研组长主持，也可由有经验的组员轮流主持。

7. 学期结束时，需对照教研计划进行总结，梳理、反思教研的过程与效果，总结经验，整理文本，确定可持续研究的方向。

8. 各个教研组之间在教研目标、教研内容、教研形式与教研经验上要加强沟通，共同实践。

贵阳市花溪区实验中学教研组组长岗位职责

　　教研组长作为教研组的核心人物，需要保证教研组工作正常有序地运转，用相应的制度赋予其一定的管理权力，同时也让其理解自己承担的义务，促进其自主自觉地引领教师进行研究，与组员齐心协力建设好自己的组织。

　　1. 协助校长、教务主任、教科研主任做好学校日常教学管理工作。

　　2. 加强自身修养，事事先思于人，先说于人，先行于人，团结全组人员，促进班组文明建设。

　　3. 组织教师学习有关教育教学理论和课改精神，明确教学目标，结合本校实际，自下而上、自上而下地制定与实施教研计划。

　　4. 组织教师定期开展有意义的教研活动，承担指导本组成员的业务工作，并做好相关记录、评价与总结工作。

　　5. 协助校长定期审阅教学计划，有计划地组织教师备课、听课与评课，相互促进，共同提高。

　　6. 协助校长对全组人员进行日常工作的检查与考核，实事求是地组织教师自评、互评与他评。

　　7. 做好组内青年教师的带教与培养工作，帮助教学有困难的教师提高业务水平。

　　8. 做好本组教研资料的积累、整理与归档工作。

　　9. 合理、有序地安排教研组内的各项工作，带领全组教师按时完成学校布置的各项任务。

10.组织年级组的大型主题活动，如遇突发事件，及时开展研讨活动和工作布置，发动组内教师共同研究、献计献策。

贵阳市花溪区实验中学教研组组长例会制度

本制度从学校行政作为和组长作为两方面提出要求，希望体现教研组长的专业引领意识，提高引领能力。

行　政

1. 学校制定学期组长例会计划，并将计划列入校务规划，形成常规工作。

2. 定期组织教研组长研修活动，根据需要一般一至两月活动一次。

3. 组长例会由学校副校长或教务、教科主任负责召集与组织，组织者应事先将活动要求与信息告知组长，以便他们做好准备。

4. 例会的主要目标：

（1）帮助组长设计、准备、组织高质量的教研活动，并对存在的问题进行研讨，确保每一次教研活动的有效性。

（2）充分利用组长资源，组织同伴互助，提高组长各方面的能力。

教研组长

1. 组长应主动参加每一次例会，并在活动前做好准备，如教研活动计划、需要求助和研讨的问题等。

2. 在活动中，应积极参与交流，表达自己的观点，为同伴提供支持与帮助。

3. 认真反思教研活动，对照活动过程与最初计划目标间的关系，学习分析，必要时进行适当的调整。

贵阳市花溪区实验中学教研组长主要工作程序

为了使教研工作流程中各阶段的主要程序更加清晰，教研组长必须明确自己在阶段性工作中的任务指向，以便合理有序地安排日常教研事项。

第一阶段

时间：第 1 周至第 2 周

主要任务：制定计划

主要工作程序：

1. 共同研制计划：教研组长与分管校长、教务主任、教科研主任共同研制、明确各教研组的研讨方向，根据学校教科研计划分头制定各组计划。

2. 合理安排计划内容与人员：教研组长在制定计划的过程中，要合理安排教研内容与组员承担的关系，周密考虑安排的目的性，以充分调动组员参与的积极性。

3. 确认教研计划：通过第一次教研活动，与组员沟通并确认计划中目标与内容的合理性与组织的可行性，让组员了解自己承担的研究任务，做到早知晓、早安排、想全面。

第二阶段

时间：第 3 周至第 17 周

主要任务：执行计划

主要工作程序：

1. 制定教研预案：按教研计划制定相应的教研方案，保证每一次或每一阶段的研讨能有效落实。

2. 教研公告：告知组员教研内容，准备好相应资料或信息，布置教研要求做好做足教研前期准备。

3. 组织教研活动：根据教研预案组织教研活动，做好教研记录。

4. 组织组际联动：根据计划，在适当的研究阶段，组织组际联动，保证信息与资源的通畅。

5. 阶段性总结：对教研活动进行阶段性的信息汇总或小结，反思与调整计划，保证研究方向朝着好的前景发展。

第三阶段

时间：第 18 周至第 20 周

主要任务：总结

主要工作程序：

1. 布置教研总结工作：安排教研总结的具体事项，布置总结内容，告知组员总结的形式与时间。

2. 按期组织教师论坛：确认总结日期，按时组织组员交流，共享教研成果。

3. 做好自我教研总结：根据反馈，汇总组员信息以及自己本学期的教研工作，撰写教研组工作小结。

4. 初步形成下学期研讨方向：在反思本学期工作的基础上，思考下学期研讨方向。

　　5. 整理教研资料：将本学期的教研资料整理归档。

贵阳市花溪区实验中学集体备课制度

集体备课主要解决教学计划、课程进度、教学重点、教学难点、教学手段及方法等常规教学的基本问题，以达到年级组内教师的集体智慧和个人特长有机结合、取长补短、共同提高的目的。

1. 集体备课应突出研究风气，既要研"教"，又要研"学"，实现教师的"教"为学生的"学"服务的目的。

2. 要根据本年段的教学任务，明确各周的教学内容及安排，要重视、保证课程实施的平衡性。

3. 集体备课应建立在个体备课的基础之上，集体备课的作用是再分析、提建议、添方法等。

4. 要重视教学设计，要突出教学目标，突出学生的主体参与、自主学习、合作学习和探究学习以及师生互动。

5. 集体备课采取"说课"或其他方式进行。根据集体备课的中心议题，由主备课人进行说课，内容包括教学目标制定的依据、达成教学目标的设计思路、教学内容、教法、学法、重点、难点等。

6. 教研组组内其他成员根据主备课人的说课，提出修改意见，进行补充完善，最后形成成熟的教（学）案。

7. 集体备课记录应详细完整，集体备课记录除记录讲稿要点外，更要记录集体研讨中的个别建议。

贵阳市花溪区实验中学听课评课制度

教研组组织成员听课、评课是为了解教师的课程实施情况，掌握课程实施动态，倡导教学实践，研究存在的问题，以便互相吸纳教学经验，取长补短。

1. 教研组长与组员共同制定听评课计划，组长提前三天提醒执教者，执教者按照课程计划准备活动。

2. 教研组长组织组内的教师共同参与。

3. 课后教研组长根据《课程标准》，组织听课教师就相关研究内容进行共同研讨，并给予执教者书面反馈意见。

4. 组内听课每月两次，每月末汇总听课记录和反馈意见。

5. 每位教师每月的听课数量和记录反馈的质量列入每月工作考核。

6. 评课应以激励为导向，坚持正面引导与鼓励。对于存在的问题既要态度明确，又要积极建议，真诚帮助同伴提高课程实施能力。

7. 听课活动后请做好以下资料的收集与汇总，执教者的活动教案；研讨活动的记录，活动质量评分表。

8. 组内听课可主动邀请教务处、教科处的成员一同参加。每月定时将听评课活动情况汇总，收集好活动资料。

贵阳市花溪区实验中学特色带教制度

这是一种利用校内的骨干教师或有经验的教师进行"传、帮、带"的制度，助推青年教师的专业成长，它可以建立在一师一徒、一师多徒、多师一徒等多种带教关系上，在双向选择的基础上确保两者能够互助共勉、共同成长。

一、基本要求

为发挥骨干教师的优势，指导帮助广大青年教师尽快提高教育教学水平，由特色教师有目的地在带班风格、教学风格上进行全面带教。

1. 带教教师应向被带教教师详细解读先进的课程理念与自己的教学特色，在此基础上，制定切实可行的特色带教计划。

2. 带教教师和被带教教师应围绕带教的特色，每周互相观摩活动不少于一次，并做好记录。

3. 被带教教师在带教教师指导下，每学期应向本年段教研组展示特色带教内容一至两次，写好活动反思。

4. 每学期结束时，被带教教师应写一份有关特色带教学习的专题小结，由带教教师审阅并写出书面意见后交给教研组留档。

5. 学期结束向全校教师就特色带教内容进行展示汇报，指导教师认真评价并对带教情况进行小结，及时调整带教计划。带教结束后进行客观评估和总结。

二、奖惩措施

1. 学校对在特色带教工作中取得显著成绩的青年教师和指导教师，予以奖励。

2. 指导教师带教青年教师工作，指导业绩记入指导教师的业务档案，作为评优晋级的材料。

三、实施方法

1. 根据带教要求，主管校长、教研组长应加强日常的检查监督和考核工作。校长会同教务处、教科处、教研组随时抽查听课、备课情况。

2. 学校统筹印制"带教协议书"，并举行"协议书"签字仪式。

贵阳市花溪区实验中学网络教研制度

网络缩短了距离，拉近了空间，打破了时空限制，利用网络教研不仅可以拓展教师的眼界，也可以充分发表见解。

1. 学校要不断完善信息技术系统的建设，为教师利用网络进行教研提供支持。

2. 积极选派骨干教师参加网络教研技术培训，提高网络教研技术水平。

3. 组织全校教师进行网络教研的相关业务培训。

4. 开展以课改实践为主的阶段性的"主题式网络教研"，并制定具体研修方案，保证研讨的针对性与参与性。

5. 鼓励教师集体或个人积极参与区里和市里组织的网络研讨，充分展示学校的课改风貌。同时，利用网络汲取他人先进经验，并内化于实践。

6. 学校要加强网络教研工作的指导及问题研究，每学期至少组织两次交流活动，提升网络教研的主流价值。

7. 出台网络教研激励机制，制定网络教研评价表，定期进行优秀网络教研组、网络教研先进教师的评选。

贵阳市花溪区实验中学教研资料管理制度

教研资料是学校教研组建设的轨迹与成果，是反映教研组工作成效的一种依据，是教研组建设的珍贵财富，必须加强管理。

1. 教研组收集与整理的主要资料包括：

学习材料、教研计划、教研总结、教研记录、教研简报、教师专题总结、教学案例，以及相关专题或课程研究的成果资料包等。

2. 每学期教研组的资料由教研组长负责收集、整理，对各类材料进行分类装订，并定期将有关材料向教研资料档案管理员（资料员）做好移交，以便及时保管和存放。

3. 教研组组员应当配合组长，在学期结束时，根据要求在规定时间内移交个人相关教研资料，便于组长及时整理。

4. 教研组组员，在学期结束时，根据要求在规定时间将个人相关资料装入教师个人成长档案。

实践成长篇

我的成长感悟

陆晶晶

贵阳市花溪区实验中学

我是教育阵线上一名普通的教师，从小就梦想着有一天能够登上三尺讲台。而今，我已在讲台上坚守近 17 年。在这 17 年里，我在不断感慨、感动、感悟和感激中成长。

感慨——炼狱中重生

犹记得刚刚大学毕业的我经过了紧张的笔试、面试、试讲，2005 年的 8 月，正式到三十六中报到。第一次踏进校门，看着破旧的教学楼，还有听见火车那毫不客气的轰鸣声……我不免有些失落，难道这就是我打算实现儿时教师梦想的地方吗？然而，看到了学生那一双双天真无邪的大眼睛和朝气蓬勃的笑脸时我心里那一股脑的不满全部打消了，我暗暗地期待在三十六中的日子。

新鲜过后，我就知道，炼狱的日子就要开始了，那个时候对于刚刚工作没有经验的我来说每晚必须要做的事情就是备课、研究教材教法、学习班级管理工作……下班以后的时间几乎都是在自己还没有意识的情况下悄悄溜走的，做完工作抬头看着窗外都已是夜深人静。而由于家住头桥，距离位于中曹司的学校非常远，光走路就要将近 30 分钟，加上坐车的 50 分钟，甚至有时还有漫长的等车时间，每天早晨 5 点多就要起床，那段日子我经常坐在车上就睡着了，甚至好几次都坐过了站。尤其让我揪心的是一到冬天路就容易凝冻，凝冻的天气里我经常坐不到车，天天担心上课迟到耽误学生的学习，在这个赶车的过程中摔跤都成了家常便饭。

最难忘的一次赶车经历，就是有一次在上班的途中我被歹徒袭击，还抢走了我的背包和身上所有的值钱物品，由于身无分文，又没有家门钥匙，无助的我茫然不知所措，多亏遇见了好心人让我打电话给学校请假并报了案，过后哭着给远在河北的母亲说了自己的遭遇。母亲在电话那头着急地说："算了吧，还是回家吧，一个人在那边妈妈心疼。"

最讨厌的就是上课期间的噪音，经常是讲到兴致正浓的时候，刺耳的火车声就"轰轰轰轰……"的由远而近，不得不停下精彩的内容等待火车过去，而思路早已被打断。看着学生们求知的眼睛，又要赶快收拾起记忆接上刚刚的内容。

我开始烦恼，是坚持还是放弃，坚持又能挺多久？加上母亲不断催促我回家谋职，更是让我举棋不定。

一些学生家长隐约知道了我的动摇，他们时常到学校办公室来和我谈心，因为家长们部分是周围村寨的人，部分是外来务工人员，对孩子将来的成长与发展寄托了他们的全部希望。看着家长和孩子们的朴实和诚恳，我突然感到自己遇到的问题那么渺小，也就在那时，我心中坚定了一个念头：为了这些可爱的孩子，我一定能坚持下去而且要做得更好！

接下来我开始不断地学习总结，有不懂的地方就去向有经验的老师请教，每当我的思想有了波动，校领导都会细心开导。在三十六中这个温暖的大集体中我不断进步，并在贵阳市德育论文比赛中获得了一等奖。很快三十六中异地搬迁，我还是离开了三十六中，进入了另一个让我飞速成长的新集体——花溪区实验中学。庆幸的是我还是能天天面对着这些能促进我成长的孩子们。我感慨自己走过的路，也更加坚定了自己的选择。

感动——平凡里的超脱

我手里有一本厚厚的"班级学生分户帐"，里面聚满了许多花季少年的酸甜苦辣，其中一位名叫李刚的同学让我印象深刻。李刚曾经是出了名的淘气包，"班级学生分户帐"个人信息栏内这样写着：李刚经常与同学吵架相骂，每节课间都有事无事地招惹同学，常常看见他在追赶一些男生，有时甚至站在课堂上，大做讲演之势。命令同学时，一副指挥员的模样，他自己说一天不与同学打架相骂，心里手上都痒痒得难受，全班同学很怕他，都敢怒不敢言，面对这样的学生，怎么办？

我经过调查知道了李刚身上的这些不安分的因素跟父母离异有很大关系，于是我多次家访劝其父母以及奶奶给他更多的关心，让周围的同学对他多点照顾，经常给他看充满激励话语的文章……慢慢地，他改变了，在一次深刻谈心之后我给他讲了这样一个小故事："有只孤独的小刺猬很渴望得到朋友，可是，却总用尖利的刺将自己紧紧包裹，它说不愿意拔掉自己的刺来迎合别人，那样自己会流血，会很疼。结果，走进他的小动物都被刺伤了，大家都很伤心。怎么办？其实做法很简单，小刺猬只要站起来，张开双臂，微笑地迎接大家，这样既不会伤害别人又不会失去朋友，也不会失去自己的刺了。"那之后我看到了他的改变。还记得那年运动会后，我收到李刚来信时的感动，他在信中写道："亲爱的陆老师，运动会给我的感动好多好多，可最令我感动的还是你。当我看见你在跑道两边跑前跑后，张开双臂迎接坚持到终点的同学时，当我看见你扶着阮凯丽弯腰为她揉腿时，当我看见你将外衣披在房洋洋身上时……我的眼睛湿润了，我要真心地说声谢谢你！"

有时，我觉得自己这样忙忙碌碌的生活很累，也认为自己的工作很平凡，但只要看见记录就能想起这些可爱的孩子们的一点点改变，我觉得自己的思想在感动中一次次地净化、超脱、升华！

感悟——渺小中升华

教育最本质的东西是什么？是"爱"！

实际上，教师也是人，是茫茫人海中的一分子，他是渺小的，而作为教师的我，所做的事情也是微乎其微的，回顾自己教育教学中的点点滴滴我想到了这几个小片段。

等待是一种美丽

"陆老师，王萌萌三天没写作业了。"葛芮气愤地向我告状。而她身边的小男孩王萌萌则面无表情——既没有羞愧也没有害怕，一副满不在乎的样子。起初，我很生气，不断地警告，不断地威胁，可是事情并没有丝毫改变。于是我努力说服自己要有耐心。早晨读书时，他按要求大声读出，我很欣喜地给予表扬；课堂回答问题时，举起的小手中也有他积极地参与，我高兴地给予鼓励；简单的作业，他一字不差地完成，我也郑重其事地奖励。真诚的话语与无限的期盼让他有了些许进步。然而直到现在，我也不能保证王萌萌每天都写作业，但我并不放弃，因为孩子的转变需要一个过程，在这个过程中，我将携带耐心与宽容一起等待。

孩子们相处，很多时候都需要我们的等待：当孩子错别字连篇时，等待能让他们获取新知，让我们收获惊喜；当孩子犯错误时，等待能让他们改过自新，让我们收获一个个拥有优秀的品质的孩子；当火冒三丈时，等待能让我们渐渐平息心中的怒火，宽容地对待每一个孩子；急于求成时，等待能让我们舒缓心态，心平气和地收获更多。

微笑是一种沟通

开学的头一个月里，孩子们的"活跃"让我不敢微笑，总认为笑就是纵容，一笑孩子们会更放肆。于是"板着面孔"是我面对孩子们时运用最多的表情。直到国庆节前，我才知道孩子是那么渴望看到老师的微笑。

学生社会实践的队列比赛结束时，我问孩子们："看到自己的努力没有白费你们高兴吗？""高兴"，孩子们兴奋地回答我。"老师也很高兴……""那你为什么不笑呢？"我的话还没说完，李小利就直率地问起来。当时我一愣，不知道说什么，只好找找其他的理由：你们的纪律不好等等。我从来没想过，老师的微笑对孩子来说是那么重要，孩子们那么渴望看到老师的微笑。后来我反省了自己的行为：很多事情越是一味地压制，他的反作用就越大。既然板着面孔对待孩子并没有多大的作用，我为什么不尝试换一种方式呢？现在我已经试着多一点微笑面对孩子，这样我轻松，孩子也喜欢。微笑让我与孩子的距离更近了。

弯腰是一种美德

我所在学校的孩子们生活的环境比较特殊，家长的文化素质较差，有的甚至连名字都不会写，更别说家庭的教育环境了。刚开始在校园内或教室里，随处可见学生吃完的零食袋，甚至有好几次孩子们就在我眼皮底下把刚刚吃过东西的食品袋甩手就是一扔，刚开始我也是气愤地让他们捡起来，但是这样的作用并不大，乱扔垃圾的现象还是屡见不鲜。校长鼓励我要言传身教，于是再遇到这样的情况我必定会弯下腰将垃圾拾起，我坚信校长的那句话，"我的动作不一定能感染我身边的每一个人，但是只要我做了就会有学生感动"。现在校园里很难再看到果皮纸屑，教室里更是一尘不染。

其实，很多时候，回顾自己的所作所为才发现，我们所做的无非就是一些琐碎细小的事情，我们的工作既不是多么光辉，也不是多么了不起。然而，就是这样一些小事，细细品味，却也蕴含着许许多多值得我们深思的东西，一个老师，只要你真正地为学生付出了爱，那么，我们也会在爱的奉献中让自己升华！

感激——探索中进取

从教 17 年，我无时无刻不是在感激中进步。

真的，学生对我的爱，家长对我的厚望，同事对我的帮助，家人对我的支持，领导对我的关心，时时刻刻催我进取。所以，我总怀着一颗感恩的心，想多学点东西，把更多的爱播撒给学生。

记得刚入职教书，对教学一窍不通，我就虚心地向有经验的教师请教教学的各个环节，请教学生课堂应如何开展。

后来，我就自己出钱，到上海进修，参加新课程培训。为了充实自己，提升本身素质，我订阅了《德育报》《班主任之友》《中学英语教学研究》《中小学心理教育》，在学校领导的支持下参加了班主任培训，还大量阅读了李镇西老师的《爱心与教育》《民主与教育》《花开的声音》《教育随想》《呵护生命》，魏书生老师的班级管理丛书，朱永新的《我的理想教育》《中国著名班主任德育思想录》等。这样，在不断地学习探究中，我的教育理念得到了更新，我的思想也产生了蜕变，课堂气氛变得活跃了，学生们也更爱读书了。

在学校全员捐书活动的启发下，我还和学生们一起办起了自己班级的图书角，孩子们的知识面扩大了，视野拓宽了，对知识的渴望也更强烈了。

平时，我与学生打成一片，跟他们下棋、打球、聊天、谈心、散步、游戏；举办各种各样的主题班会、班刊设置大赛等；凝冻天气我们一同帮助行走不便的老人、小孩；我还带领学生去书香气息浓厚的大学激发他们学习的热情。

现如今，我可以在自己所教学科中独当一面，并在我从教的过程中考取了心理咨询师、正面管教学校讲师、思维导图讲师、注意力、学习力、专注力导师等一系列证书，并能把所学知识点滴浸透到我所教的学生的思维中，很感激自己的坚持。

这就是一个平平凡凡、普普通通教师的成长经历。在教育随笔中我经常用这样的话鼓励自己："在鲜活的生命面前，我激动、我兴奋、我倍加呵护；在缤纷的世界面前，我冷静、我思考、我肃然起敬；在未来的道路面前，我奠基、我助力、我甘为人梯。我的生命在鲜活生命激起的浪花中浸润，我的思想在缤纷世界中成熟，我的人生之路延伸在无数的未来之路当中。"

从严师到摆渡人

范美菊

贵阳市花溪区实验中学

"在以后几十年的岁月中，长辫子老师那竖起的食指，如同一道符咒，锁住了我的咽喉。禁令铺张蔓延，到了凡是需要用嗓子的时候，我就忐忑不安，逃避退缩。有人以为这是我的倨傲和轻慢，甚至是失礼，只有我自己才知道，是内心深处不可言喻的恐惧和哀痛在作祟。虽然我已忘却了她的名字，虽然今天的我以一个成人的智力，已能明白她当时的用意和苦衷，但我无法抹去她在一个少年心中留下的惨痛记忆。烙红的伤痕直到数年后依然冒着焦煳的青烟。"这是毕淑敏的散文《谁是你的重要他人》中读到的一些片段。从教 8 年，从懵懵懂懂的师范毕业生，到如今，在陪伴学生成长的过程中，与他们共同成长，从他们身上，我慢慢褪去青涩、褪去苛刻、褪去傲慢，成长为一个"摆渡人"。

毕淑敏永生都忘不了那个"长辫子"的老师，我又何尝没有做过这个"坏人"。那时候，我刚毕业，满怀一腔热血踏上了讲台。我所教授的这个班学生成绩都不是很理想，我急啊，我渴望被肯定，也总是认为我所有的行为都是为了孩子们好。课堂上，我要求我的学生必须安安静静，可以回答问题，但是不能有其他声音，每个孩子上课都战战兢兢。课间，我从来不和学生嬉闹，都是在帮助学生解疑。有一次，班上一个比较调皮的男孩子摸了我的头，我认为那是对我极大的不尊重，反手给了孩子狠狠的一巴掌不曾想过孩子只是想和我亲近。

在我严苛的教育下，学生的成绩进步是肯定的。但是，随着教学经验的累积，人情世故的深入，慢慢地，我变得更有温度，也意识到了自己教学中存在的问题。从教第二年，有学生给我写信，她说："老师，你第一次来我们班就好凶，我们都吓坏了，其实，我们班小孩都很乖，你可以多和我们说说家常话，多笑一笑吗？"我开始反思自己，慢慢地，我发现有女孩子愿意和我谈心了。有个小孩爸爸妈妈离异了，她把难过憋在了心里，脸上没有笑容，看得人心疼。我找到她，邀请她陪我去外面吃晚饭，请她帮我收拾实验室，帮我收作业本……我让她忙起来，让她能够在班级生活中找到存在感。慢慢地，她会主动找我一起跑步、找我拿零食吃、找我倾诉，仿佛我真的成了她的亲人。也许，纯纯的她真的把我当成了亲人。我虽然改变不了她的处境，也替代不了父母的爱，但起码我能让她不那么孤单。我慢慢变得有温度，而我学生的学习成绩也并没有因为我的宽容而变得糟糕，他们的发言更大胆，实验设计的方案更有创造力。也许，成长就在一瞬间吧！此时，我真正的开始过渡成为一个"摆渡人"。

随着教学年限的增长，我真正理解了什么是"严"，什么是"爱"，什么是宽严相济。看着身边的孩子们学习压力日益增大，心理健康问题层出不穷，我更加领悟到，老师真的要做好一个"摆渡人"的角色。以知识为船，以仁爱为桨，渡学生，也在渡自己。爱学生不是放任学生，是你在教授他知识、做人的同时及时发现他的困惑、他的苦痛，帮助他跨越困难，让他感受到人间有"爱"，人生值得。

曾经看到这样一句话：每一个孩子都是一朵花，每一朵花都有开放的季节，有的开在春天，有的开在夏天，有的要到秋天，甚至有的要等到冬天。而我们所能做的就是：尽己所能，静待花开。是的，做好一个"摆渡人"，尽己所能，静待花开。

成长感悟一二则

徐　荣

贵阳市花溪区实验中学

关于"讲台"

老师，是一个人的生活中不可或缺的重要角色。"一个好老师，可以改变很多学生的命运。"这是一条被无数事实证明的真理。要想成为一名优秀的教师，应该"热爱讲台，珍惜讲台，享受讲台"。

"讲台"是孩子智慧的启迪，引导孩子了解生活、思考生活，同时它更承载着孩子的未来与家长殷切的希望。

"讲台"是教师终生的事业，更是教师快乐的根本，也会成为教师幸福的源泉。

关于"热爱讲台"

"热爱讲台"，首要表现就是上好每一节课。"要想有地位，先要有作为。""如同一个好的外科医生是一把刀，一个好的演员就是一出戏，一个好的老师则是一堂课，一个优秀老师的每一堂课是用一生心血上出来的。"

"热爱讲台"，还需要端正我们的位置。"找准定位，自觉到位，主动补位，不能越位，不得错位。"恪尽职守是对每一个老师的基本要求。"热爱讲台"就是热爱学生，这意味着教师有责任和义务让学生实现快乐地成长。"热爱讲台"是一种职业标准，教师要有走进学生心灵世界的本领，要有把握学生心灵变化轨迹的能力。

说说"珍惜讲台"

"珍惜讲台"就要发展自己；"珍惜讲台"就要做最好的自我。

"老师的魅力有三种：第一种是权力赋予的魅力；第二种是学术赋予的魅力；第三种是人格产生的魅力。最高水平的管理是有权不用的管理。有权不用的管理就是淡出管理，用学术魅力和人格魅力来管理。"

"珍惜讲台"就要改变自己的角色，去做学生喜欢的老师。

"珍惜讲台"就要有更广阔的视野，不因一点进步和成绩而沾沾自喜，要不断地进取，在培养学生的同时实现自我价值。

所以，既然选择了教师这份职业，我们必须学习"热爱讲台""珍惜讲台"，从而"享受讲台"。

关于"师生共成长"

有人说，教师是辛勤的园丁，培育美丽的花朵；有人说，教师是春蚕，劳作到死吐丝方尽；更有人说，教师是蜡烛，燃烧自己去照亮别人。

我说，都不是，教师就是教师，一个一直与学生一起学习、一起成长的人。

"吾生有涯，而知无涯。"教师的职业特点决定了我们只有通过读书，不断地给自己"充电"，才能拥有源源不断的"活水"，给自己和学生的双重成长以坚实的保证；教师与学生是一对共同成长的伙伴，教师的幸福不仅仅是学生的进步与成长，同时还包括自己的充实与成长。

谈到成长，许多教师可能会想到前辈的引领，会谈到同伴的帮助，但是，我们大家往往会忽略一个重要的资源——学生。凡是好老师，都会把学生看作是与自己平等的人，尊重、理解和欣赏他们，从不高高在上地去说教与指责。好老师成就了学生，同时，这些学生也成就了好老师。他们互为背景，彼此辉映。玛利亚·蒙台梭利说："儿童是成人之父。"只有心中怀有这种互相尊重的心态，教师才能够获得自身的成长、丰富与完整。

所以，好老师成就了学生；同时，这些学生也成就了好老师。

关于"春风化雨"

《孟子》中孟子曰："君子之所以教者五：有如时雨化之者，有成德者，有达财者，有答问者，有私淑艾者。此五者，君子之所以教也。"唐代杜甫《春夜喜雨》："随风潜入夜，润物细无声。""春风化雨，润物无声"正是出自以上语录。

我认为，真正的教育就应该是"春风化雨，润物无声"。有位教育学家说过，"被教育的痕迹越不明显，教育者的成功可能性就越大"。"教育无痕"，学生受教育的效果才会更加明显。

正如下面的故事：北风和南风比威力，看谁能让行人把身上的大衣脱掉。北风首先来了个寒风刺骨，结果行人把大衣裹得紧紧的。南风则徐徐吹动，顿时风和日丽，行人春意上身，纷纷解开纽扣，继而脱掉了大衣，于是南风获得了胜利。"南风法则"的故事说明了一个道理："温暖胜于严寒。"教师在日常管理中要善于运用南风法则，即：要尊重和关心学生，多点人情味，从而使学生丢掉包袱，激发他们的积极性。

教育真是如此：只有春风细雨般的温柔，才能润物细无声！

古路无行客，寒山只见君

——感恩一路有你同行

吴林勇

贵阳市花溪区实验中学

尊敬的各位专家、同仁、领导：

早上好！我们一直翘首以盼各位远朋嘉宾莅临秀美的花溪。

非常感谢贵阳市教育局给我这次分享的机会。有幸给大家分享我的成长经历。今天我分享的主题是：古路无行客，寒山独见君——感恩一路有你同行。

一、感恩父母时常的训诫

我出生于黔南州一个小山村的普通农民家庭。还记得小时候为了让 100 斤烟叶多卖上 50 块钱，我和母亲要走 30 多里的山路，晚上 10 点出发，凌晨 4 点才到。父母常常告诫我：好好读书，今后才会有好前途，所以我努力学习，以期成为第一个走出我们村的大学生。

二、第一个十年——读书中反思

2000 年我师专毕业以后回到家乡——黄丝初级中学，做了一名普通的老师。然而大学所学的知识与课堂实际的教学还是有很大的差别，我感到很困惑并与父亲进行了交流，父亲说："去看看书里怎么写的，就照着书上的去做，好的东西肯定都已经写出来了。"就这样我订阅了自己的第一本教学杂志《物理教学》，通过学以致用，我在教学中越来越得心应手，学生成绩突飞猛进，我获得了福泉市优秀教师的称号。

五年后，我得到了去贵州师范大学理学院进修两年的机会，在学习中我认识到：在以前的教学我只看中了学生的分数，缺乏对学生思想的塑造，这样的教学是不成功的，也可以说是失败的。学习过程中让我的教育理念发生了改变，毕业时写了《蹲下来和学生交流》的一篇论文。我们蹲下的不仅是我们的身体，还有那颗曾经高高在上的心，教育应该以学生为主体，以德为先，促进学生的全面发展。

再次回到我的家乡。我把大学进修学习的东西与实践相结合。从生活走向物理教学，带领学生进行科技创新小发明、小制作，进行科学探究。我把工作过程中的所思所想都写在教学反思中，归纳提炼成为论文，并在北大核心期刊《物理教学》上发表了一篇文章，经过多年的努力，获得了福泉市优秀人才的称号。

三、第二个十年——挑战中成长

2011 年我来到了小河区实验中学，这是一次机遇也是一次全新的挑战。为了让我早日融入新的岗位，学校按照每个教师发展的规律和特点，量身打造，精心安排我培训和学习，并鼓励我在实践中试错，这使我的教学能力有了很大的提升，逐步获得了花溪区骨干教师、贵阳市教坛新秀、贵阳市高层次青年教师等称号。

2016 年我家庭突遭变故：父亲突发脑出血，妻子又查出尿毒症，父亲和妻子的治疗掏空了我们家里本就不多的积蓄，让我手足无措。这时花溪区教育局和学校为了让我安心工作，及时伸出援手，缓解了我生活的压力。感受到大家深切的关爱，更坚定了我终身执教，为党育人，为国育才的理想信念。在学校的关怀和培养下，通过十年的成长，我获得了贵阳市市管专家、贵阳市教学名师、贵州省教学名师的称号。

四、回馈学校和社会

为了感谢大家的关爱，我积极投身到清镇市、镇宁县、望谟县、罗甸县、长顺县的扶贫帮教活动当中；对渐冻症的孩子进行免费送课到家；参与真爱梦想基金会的送教活动，把贵阳教改成果和贵州教育好声音传递出去。

五、第三个十年——慕道中悟理

不平凡的 2020 年开启了我从教的第三个十年，贵阳市名师文件下发以后，我申报了工作室，发出了《慕道启航》招募书，希望和贵阳年轻有想法的老师一起深度学习，探索高阶思维培养的一些方法，提升学生的核心素养，为贵阳市教育事业做出自己的一份贡献。

六、感谢

我从一名普通的物理教师成长为名师工作室的主持人，一路走来收获很多，感悟良多：没有大家无私合作的团队精神，我们不可能在近一年的时间里取得如此众多的研究成果。各位同仁道友，贵阳市教育局已经种下梧桐树，琴瑟已起，我们怎能不去鸣、不去和，每个人都有一个梦想，三名工程的平台和学校的沃土就是你实现梦想的舞台，梦想连着我和你，健康、幸福、成功一定属于我们大家，让我们和学生一起去领略奔跑中成长的快乐。

　　如今，我有幸在三名工程里遇到了一帮优秀老师。让我们不负新时代的责任使命，不忘立德树人的初心，为培养德智体美劳全面发展的社会主义建设者和接班人做出新的更大贡献，为贵阳市教育事业交出一份满意的答卷。

　　感谢大家的聆听。

我的成长故事——在自我挑战的道路上探索前行

刘　艳

贵阳市花溪区实验中学

我不是诗人，不能用漂亮的诗名讴歌我的职业；我不是学者，不能用深邃的思想思考我的价值；我不是歌手，不能用动听的歌喉歌咏我的岗位。但我坚持一个理念：梦你所梦，想你所想，做你所做，因为宝贵的生命只有一次。我庆幸能成为一名初中教师，参与到孩子一生宝贵的青春期的成长中。纵然两袖清风，纵然清贫如水，纵然浮华散尽，但我知足，因为我是一名光荣的人民教师。

一、勇于担当中坚强

时间转瞬即逝，不知不觉这是我来到贵阳市花溪区实验中学的第七个年头，刚进校就进入了学校思教处参与部门工作，并且承担八年级 8 个班的道德与法治学科的教学工作。工作虽然很累、很辛苦，但是，每天都感觉痛并快乐着。直到一次区级优质课比赛，学校建议新老师积极参加，但这次活动的时间刚好与我第一次组织筹备学校一年一度的艺术节相冲突。尽管心里有千万个不愿意参加比赛的念头，但是，还是咬紧牙关同时完成了优质课打磨、组织艺术节、参与部门其他工作、完成自己的教学任务几件大事，简直可以用"焦头烂额""苦不堪言"来形容当时的心境。值得开心的是，这次比赛获得了比较理想的结果，艺术节也圆满完成。记得当时分管德育的麻岚副校长鼓励我说，同时能完成好这几件大事，后面遇到再大的困难都不是事了。果不其然，这些年间担任过学校团委书记、教研组长、班主任、年级组长的工作，在繁重的工作中总是能磨砺坚强的意志，而这种意志像是给心中的责任感点亮了火焰，让我更加读懂了教师的责任与担当，我们不仅要为孩子们的成长负责、为学校的工作负责，我们还要为自己的教师专业发展负责。我不能只做埋头苦干的"老黄牛"，我们要做学生成长路上的领路人。我们要主动成长，在成长中担当，在担当中坚强。

二、抓住机会助成长

在这七年间，我除了认真参与各级各类教研活动外，认真学习老教师的管理经验、新教师的新教育理念，还抓住了很多各种提升专业素养和管理能力的培训活动。走进新教师培训，明确自己的责任和目标，为自己的角色转变奠定基础；走进大队辅导员培训，规范少先队管理工作，有指导性地培养祖国的建设者和接班人；走进梦想课的培训，成为一名二星梦想教师，帮助孩子们自信、从容、有尊严地成长；走进初中毕业生学业水平测试的培训和阅卷工作中，在阅卷中发现问题，找准自己教学需要关注的方向；走进杨再华名师工作室中，看到在未来学校教育理念下，研究性学习课程中学生和老师们的快速成长；走进平塘四中，参与学校间的教育交流，相互学习、交流互鉴；走进区级骨干教师培训，更新教育教学的理念和策略等。

同时，还有很多走出贵州省拓展教育实践的机会。如，带我校春禾社团的学生去到上海交流，学习研究性学习对学生成长的重要意义；作为培训老师去到福州给师专学生进行梦想课培训，一起看到了"诗和远方"对孩子们的教育意义；作为区级骨干教师代表到上海进行跟岗实践，感受到了温柔但有力量的教学方式；作为花溪区团干代表去到井冈山，传承革命精神、感受红色教育的力量等。每一次培训和实践都为我的教育教学思想与专业能力产生了强大的推动力，使我更有信心探索前方的教育之路，并奋然前行。

三、主动学习愿奉献

学校讲台总是略显狭小的，但是这里传递的能量是宽广的。当站在讲台上看到孩子们求知的眼神，我确信这是世界上最亮的星星，更是催促我要不断学习的力量。我除了可以从各类培训中掌握最前沿的教育教学理念和教学策略，我还积极参加各种课堂展示比赛，包括教学设计、教学论文、优质课、公开课展示等，在与其他老师的思想碰撞中找到更优质的教学思路，不断调整自己的教学方式，让每一个孩子都有公平的发展机会。自己也更加愿意阅读，从《非暴力沟通》《有效教学》《从优秀教师到卓越教师》《基于学科核心素养的思想政治教学课例研究》《学习共同体——走向深度学习》《有效备课、上课、听课、评课》《孩子你慢慢来》《思维导图教学法》等书籍中不断探索，落实学校的办学理念，为每一个孩子的美好未来奠基。"学高为师，德高为范"，我时刻提醒自己需要铭记这一理念，只有不断学习，才能用智慧和奉献谱写我自己的教育乐章。我知道自己身上还有许多需要磨炼的地方，但我坚信年轻就是资本，我坚守着一颗不甘落后的进取心，将青春的热血洒在这片教育的大地上，用奋斗、激情、耐心、爱心帮助我的学生健康成长。

你若盛开蝴蝶自来

黄 瑞

贵阳市花溪区实验中学

年华似水，岁月飞逝，回首相视，竟已在教育这个行业里耕耘了 18 个年头。在每一个与孩子为伍的日子里，我都感受着喜悦的幸福，脸上总是有着美美的笑容，心中总是装着满满的快乐，我把自己的那一份愉悦，那一颗爱心，那一种执着都无私地奉献给孩子们。所以，我有着如同孩子般透明的心灵，这种简单的快乐和豁达的心境，使我真心、真情地从事着阳光下最为纯洁、灿烂的事业。

喜爱，让我走上了教师之路。我是一名 80 后，记得当我还是一名小学生时，就特别喜爱扮演一名教师，让家里的洋娃娃当我的学生，然后学着我当时的启蒙老师——陈老师的样子上课。高考我坚定地报考了贵州师范大学生物科学系，选择了教师这个我梦寐以求的职业。2004 年 7 月我毕业后进入贵阳市第三十六中学任教，在平时的教育教学中，每当我看到青春可爱的孩子们快乐地学习着，我就非常高兴。带着这种喜好和对孩子们的爱，三十六中让我完成了从年轻新老师到有一定经验老师的成长之路。爱，是我投身于教育事业的原动力。

支持，让我拥有了坚强的后盾。我在教师这个岗位上一干就是 18 年，回顾这 18 年来的教学之路，我深深地感受到个人成长离不开自信、钻研、毅力，更离不开学校环境和教师群体所形成的强大的精神后盾。首先我得到了领导的支持，再加上同事的帮助，给自己的教学奠定了很好的基础。学校开展了青年教师教学技能大比拼的竞赛，我取得了第一名的好成绩，在领导的支持，同事的互帮互助的氛围下，学校就是我成长的摇篮！2006 年 7 月申报的《创建美好校园的科学氛围》被评为教育部新一轮民族贫困地区中小学教师综合素质培训项目、全国教育科学"十五"教育部规划课题——"新课程师资培训策略与有效模式研究与实验"课题结题成果二等奖。2006 年 3 月撰写的《探索旧物品在教学和生活中的再利用》教学论文荣获贵阳市第三届中小学教师综合实践活动优秀教学论文评选一等奖。论文《论初中生物教学中的环保教育》出版在省级刊物《科海故事博览·科教创新》2010 年 6 月总第 363 期。论文《基于探究理念的初中生物实验教学研究》在《俪人·教师版》杂志 2015 年 11 月发表。2005 年 11 月在小河区首届初中优质课比赛中，荣获生物学科二等奖。2008 年 7 月中学生物教学设计《细胞的生活需要物质和能量》荣获贵州省 2008 年中小学教师教学论文、教学设计、多媒体教学课件评比活动三等奖。2009 年 9 月在陈桂兰校长的帮助下我执教的《节约资源简约生活》荣获 2009 年《贵阳市生态文明城市建设读本》地方教材优质录像课评比一等奖。

学习，让我得以不断地超越自己。2009 年 8 月因区域调整我调入小河区实验中学任教，实验中学更是给了我更广阔的天地，教师培训机会得到了增加，2010 年 5 月参加北京大学网络教育学院贵州省中小学教师教育技术能力远程培训学习，完成 60 学时的课程。2010 年 11 月 10 日至 2011 年 1 月 18 日参加了教育部"国培计划（2010）——贵州省农村骨干教师远程培训项目"，共 80 学时。2011 年 12 月和 2012 年 7 月参加贵阳市小河区"校园春天"——有效的参与式教学教师培训班学习，共 50 学时。2014 年 9 月参加"国培计划（2014）——贵州省骨干教师培训中小学骨干教师远程培训项目（初中生物学科）培训"，共计 80 学时。2018 年 9 月参加花溪区骨干教师培训等。2016—2020 年期间在学校教科研的组织下，在校级领导吕烜副校长和张昌彦副校长的带头引领下，我校梦想课的开展和相关培训，让我的教学方法和教育技能得到了质的提升。2021年10月—12月参加"国培计划（2021）"——贵州省学科骨干教师信息化教学创新能力提升项目，共计50学时。学校对青年教师的成长尤其看重，有规划、有安排地组织我们参加各种学习，通过不断的学习，我得到了不断的充实，同时在教学上我虚心求教，有疑必问，虚心请教其他老师，共同探讨教学心得、体会与收获，我得以在学科教学中快速成长起来。同时，多听其他老师的课，做到边听边记，学习别人的优点，克服自己的不足，改进工作，博采众长，提高自我的教学水平。2016年6月撰写的《绿色植物的呼吸作用》教学设计荣获贵州省教育科学院、贵州省教育学会2016年教育教学科研论文及教学设计评选二等奖。2016年10月花溪区2016年首届"说课"比赛中获生物学科一等奖，2016年11月贵阳市"说课"比赛获生物学科二等奖。2016年12月被评为贵阳市第二届中小学（幼儿园）教坛新秀。2017年3月在贵阳市第六届中小学、幼儿园、特殊教育学校教师优质课评选中，课题《发生在肺内的气体交换》荣获生物学科一等奖。

实践，让理论不断得到验证和完善。经过多年的探索和学习，我不断地在实践中修正和总结，平时在工作中多一份投入，多一些反思，多一点执着的爱。平时在的教育教学中，我通过解决教学中遇到的困惑，关注自己的实践，不断反思自己的经验，并在和领导、同事的相互探讨中不断提高自己的业务水平。2021年3月，在贵阳市初中教师第四届教学技能（教学设计）评比活动中，我指导青年教师王芳老师撰写的《激素调节》荣获初中生物学科一等奖。2021年11月，在贵阳贵安第二届教师职业技能（说课）比赛活动中，我指导王芳老师展示的说课《动物在生物圈中的作用》荣获初中生物学科二等奖。让人感慨的是，王芳老师曾是我在三十六中任教时的一名学生，如今和我成了同事，心里说不出的成就与喜悦，真应了那句歌里唱到的"多年后，我就成了你"。

有人说，教师是辛勤的园丁，负责培育美丽的花朵，但我说教师是一株温婉优雅的玫瑰，让生命吐露芬芳，硕果也将累累。

"起始于辛劳，收结于平淡"是对我们教育工作者人生现实的写照。史烟飘过，回看今天，我无怨无悔。18 年的教学生涯，走上三尺讲台，教书育人，走下三尺讲台，为人师表。虽感忙碌、虽感辛劳，但每天沐浴着太阳的光芒，呼吸着雨露的清香，在那些活力四射的孩子身上感受生命的神圣美丽，或许我干不出惊天动地的伟业，但追求本身就是美丽的。只要我们心中依然装着美，追求着美，我们就是美丽的。

你若盛开，蝴蝶自来。

教学改革与教师专业发展之静待花开的力量无穷

周林华

贵阳市花溪区实验中学

记得那是一个阳光明媚的早晨，和往常一样吃完早餐，回办公室打完卡以后，一切照旧地抱着我的数学教师用书朝着教室的方向走去。由于正直夏至时节，天气尤其炎热，特别叮嘱过孩子们早晨到教室的第一件事情就是打开门窗，透气通风。上课的最后一道铃声刚落，我正好走到教室后门。由于想抄近路，于是就走后门进教室。突然，脚刚踏进教室一步，习惯性的抬头一看，有一个人拿着一本听课记录坐在班级的最后一排。那人就是我们的正校长，她是一位能力特别强、眼神犀利又让人惧怕不敢接近的长者（其实，可能在很多人的眼里领导大概都是这样的）。顿时，一阵冷汗不由自主地从我的头顶冒出来，天气本就热，汗珠顺着我的脸颊大颗大颗地往下掉。心想，这回肯定完了，我还是从校长的后面进的教室。于是我的心脏也开始加速，步伐再没之前的那般坚定。天晓得，我的内心经历了什么。在我看来，这是我来到我们学校走得最长，也是最忐忑的一次路。因为，在此之前，她从未听过我的课。

终于，我步履蹒跚地走到了讲台上。习惯性的开篇语言：请同学们打开课本某页，而不是说：上课，同学们早上好！请坐！（在此说明，抢着时间教授课本的知识固然重视，但是基本的教学常规还是得遵守的。其实一句简单的"上课，同学们早上好"不但耽搁不了多久的时间，同时也是提醒同学们集中精力开始听课了。）突然，我还是反应过来了我没有起立就直接上课了。哎，肯定又给校长留下不好的印象了，不被狠狠地说教一顿才怪。既然已经上讲台了，就豁出去了。接下来，我们翻到课本第 166 页，继续讲解总复习题的第 4 题，用整式乘法公式计算下列各题。当我们讲到 $(2)(-\frac{1}{2}x+2y)^2$ 时，我先问同学们这道题涉及哪一个整式的乘法公式，然后同学们异口同声地回答道：完全平方公式；那么接下来，我们请一位同学上台默写一下完全平方公式。于是，我为了"表演"给校长看，对于不太爱说话的同学也关注到了。我横扫四周，就点了校长前排那个戴着口罩并且埋着头又腼腆的欧松涛。

"欧松涛，请你上台默写一下完全平方公式。"于是他慢悠悠地走向讲台，拿起笔，似写非写的样子，停顿了大概 30 秒。然后怯生生地小声告诉我："老师，我……我不太会。"说实话，按照我以往的急性子，肯定给他一顿臭骂。也许那天是校长在场听课的缘故吧，我并没有像那样子做。此时，有一两个基础比较好的同学看形势有些尴尬，想举起手来帮他解围。我并没有马上请同学起来。相反，我转过身去，轻轻地拍了他的肩膀，告诉他："相信自己，你能行的。"于是，他开始动笔写了，黑板上呈现的公式是这样的：$(a+b)^2 = a^2 + b^2$。很明显，他默写的公式是错误的。我也并没有发脾气，而是接着耐心地告诉他，你看看这个公式的左边，有什么特点呢？他说："是两数和的平方。"我说："很好，你看出它的形式了，但是你能告诉我这个式子表示什么意义吗？"他立刻回答道："表示两个 $a+b$ 相乘"我说："很好，那现在涉及什么运算呢？你能把算出来了吗？"没几下的功夫，他竟然用多项式与多项式的乘法法则把结果算出来了。顿时，全场一片掌声。我告诉他："你看，做任何事还是要对自己有信心吧？不去尝试着想一想、写一下，你怎么知道你不会呢？你今天表现得很棒，以后继续努力喔！"看着他笑呵呵地走下讲台，我也替他感到开心。这估计也是他一个学年以来第一次体验到成功的喜悦吧！

课后，在和校长交流我的课堂教学中的感悟时，她给予我的几乎都是积极的、肯定性的评价。最让她觉得好的地方就是：我能等，能等待学生思维的过程，而不是满堂灌，给予了学生表达他想法的机会。不仅如此，我的顺势诱导也很关键，启发了小欧同学一步步地思考，从而推出了公式。充分体现了教师的主导作用和学生的主体性，对学生关注的面也比较广。其实，尽管这堂课让我有着如履薄冰般的感觉，但是这堂课连我自己都觉得诧异，诧异的是我竟然能控制住我有点急躁的臭脾气。

之后的不久，就是我们的期末考试。考完第一科语文，很多同学都在班上讨论着这一次的语文题目《我的班主任》。我走到小欧同学的旁边，故意给他开个玩笑："你写的啥呀？有没有写我很凶啊？"他会心一笑："没有，我写的都是我的班主任很幽默。虽然有时候有点'凶'，让人摸不着头脑，但是对学生很好。"在他的作文里，他这样写道：

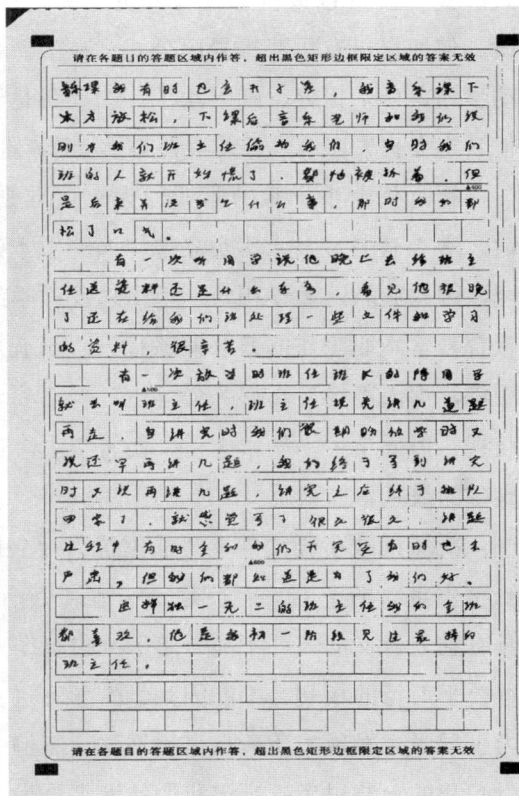

在此，我想说的是只有教师心理的健康，才能培育出健全人格的学生。如果说我动不动就骂人，对于学生的心理发展也会有所影响。对他们的人生观、价值观、世界观等方面也会形成不利影响。新课程改革的目标就是强调形成积极主动的学习态度，使获得基础知识与基本技能的过程同时成为学会学习和形成正确价值观的过程。

通过这个案例，我想表达的是在教学中，我们不仅仅是追求"快"，而是要"等"得起。教学本就是一个静静等待花开的过程，理应尊重学生心理发展的个别差异性，循序渐进一步一个脚印地来。《学记》中说道："道而弗牵，强而弗抑，开而弗达。道而弗牵则和，强而弗抑则易，开而弗达则思。"意思是告诉我们在教学过程中，要实施启发式教学。针对小欧同学默写的公式，我并没有直接告诉他公式的结果，而是通过逐步引导他发现公式的本质，使他自己有思路推导出公式。在新课程改革的目标中就强调倡导学生主动参与、乐于探究、勤于动手。如果我是一味地责骂他不会默写公式，我想他必定会丧失自信，长此以往必然会影响他的健全人格的成长。

新时代中小学教师职业行为十项准则对教师的要求中的第四点这样说道：潜心教书育人。落实立德树人的根本任务，遵循教育规律的学生成长规律，因材施教，教学相长。不得违反教学纪律，繁衍教学，或擅自从事影响教育教学本职工作的兼职兼薪行为。第五点这样说道：关心爱护学生。严慈相济，诲人不倦，真心关爱学生，严格要求学生，做学生的良师益友；不得歧视、侮辱学生，严禁虐待、伤害学生。也就是说这些都是作为一个教师得具备的最基本的素质。

新课程改革强调摒弃"满堂灌"，更注重开放与生成的教学观。应该留给学生足够的空间，而不是一味地讲个不停。学生是发展的人、独特的人、具有独立意义的人。不能一竿子来进行衡量学生的优劣，每一个学生都有获得公平对待的权利。不能因为学生学习进步慢、基础差就一句带过，不去尽力引导学生发现本质所在。也许这一案例中，具有些许表演的成分，但是也引起我的一些思考：难道我们的课堂是为了表演给别人看的吗？如果没有校长亲自来听你的课，你还会这样做吗？面对频频出错的学生你还会如此有耐心吗？一系列的拷问不经让我恍然大悟。课堂是不可复制的，并不是一成不变的。我们培养的是人，而不是机器。每一个学生都是一个鲜活的个体，也是发展中的个体。我们的天职是教书育人，也许对学生的一句表扬和激励对我来说不代表什么，但是对于一个从不自信、不爱开口说话的人来说简直是醍醐灌顶般的效果。适当适时地表扬到位、激励得当，能进一步调动学生的积极性。

总之，该等之时就得等，该慢之时就得慢。师者，传道授业解惑也，这也是我们义不容辞的使命。师者，也好比花园里的园丁。如果我们急于求成，希望花儿赶紧盛开，于是使劲浇灌。到最后，要么就是花儿被淹死了，要么就是违反花开的季节，即便盛开了也会黯然失色，失去它该有的本色。教育又何尝不是呢？由此及彼，学生是祖国未来的花朵。为了让他们开得更加绚烂多姿，我们就静待花开吧！相信，他们必定会努力绽放。

从0到1的转变

罗 蘭

贵阳市花溪区实验中学

三年前，大学毕业后的第5个年头，在经过对自己深刻的审视和分析后，我选择了参加招考成为一名普通教师。2019年2月22日，新入职的第一天，教育局领导就曾强调，要珍惜选择、珍惜缘分，拟定好三年的成长规划，力争三年后能独当一面，五年成为骨干教师。来到学校后，校长也要求我们定好自己的成长目标，新教师一般一学期见分晓，一年见成效，要努力做一个让学生、家长、同伴、领导认可的老师。相比其他毕业就入编的，我兜兜转转浪费了好几年，所以，在专业成长上必须尽可能地降低时间成本。三年后的今天，回看这段旅程，感恩前辈的提醒，也感谢自己最初的警醒。

入职之初的第一次上课，因对学科教学的生疏感到紧张、恐惧，最后把课讲砸了，再加上对学生的不熟悉，各种焦虑情绪汇集成海，40分钟的课程30分钟不到就讲完了，剩下的全是尴尬。第一次参加教研，基本听不懂教研员的"专业语言"，最大的感受是一句话里，单独每个字都理解，但放在一起就不知道是什么意思了。那次教研，让我印象深刻的是，一位来自厦门的教师王振也分享了他的项目式教学，以"金属树"为例展开，并以此为主线，阐明了这一项目还能为溶液、酸碱盐的学习提供素材。不难体会，整个设计实操下来，真正做到了事半功倍，寓教于乐。而对比自己对这部分内容的理解，深感肤浅，感叹自己的机械和呆板，也敬佩别人怎会如此优秀，多么希望有朝一日，自己能赶上其冰山一角。

随着时间的流逝，通过一次次的教研、培训、阅卷、参赛，再加上前辈们的指导，以及以解决问题为导向的针对性学习，我也渐渐开始领悟到了学科素养的内涵、体会到了学科的味道，慢慢有了化学老师的状态。尤其是2020年的空中黔课，一定程度上改变了我对常规课程的理解和认识，最大的感慨就是原来普通课程还可以这么上，好比陈焕生进城，大开眼界。他让我了解到了普通优质课堂的特色，了解到优秀教师的特色，给了我模仿学习的范例。在学生管理上，除了向经验丰富的老师请教外，通过相关书籍寻找案例及方法，然后在班级里进行尝试、调整。当学生说你可以多要点课来上吗，我们喜欢上化学课的时候，内心还是会有些小窃喜。

三年来，经历过从觉得上课简单，到上课好难，再到完全不知怎么上课的心路历程，但通过对自己上课方式和思路的不断否定和推翻后，明显感受到自己比之前更专业一些。在参加的教学技能比赛中，所获奖项从区级到市级、从参与奖到真正有价值的奖，慢慢获取到了内心的成就感和幸福感，最重要的是学会怀着敬畏之心去播种。

现在看来，我的成长主要来自三个方面。一是前辈的引领，二是结合自我的再加工，三是实践后的反思修订，与此同时，确保教学过程中的激情。新手教师，闭门造车几乎等同于坐井观天，能够站在前辈的肩膀上看路，方向会更加清晰明朗。结合自身实际进行加工，转化为适合自己的输出方式，才能让所学的技能有神韵而不空洞。实践后的反刍是量身打造的关键，只有客观反思自己的问题，然后针对性调整后再战，才能得到跨越式的进步。这在2022年的专家听评课中体会颇深，若不是教研组的前辈对我的指导与帮助，我不可能将一开始的"水货"转变成最后的"高仿"。尽管过程很痛苦，但最后的欣慰是等同的。整个过程下来，我知道了符合要求的课程应有的样子，这是之前完全不敢想的收获。

这些，或许就是教师富足的地方吧。贵阳学院的杨琛老师培训时就曾说过，我们要成为一名幸福的教师，做一个内心和谐的人。省教育厅的王天珍老师也在培训时表示：年轻教师，踏踏实实在教育这片田地里耕耘，45 岁左右自然会得到成果。听老同事说，我们的市教研员肖一明老师，20 年前和现在一个样，为此我还调侃，这说明深耕教育、深度思考、在知识的涵养中能够延缓衰老。

在我看来，教师这个职业是需要倾注爱和时间的，既然认定了，就勇往直前。在这个不那么年轻的年纪里，方方面面都需要奋斗，人生关键就那么几年，来到这世间，还是想多留点痕迹。在专业发展方面，实实在在地在青春岁月里博观约取，年长一些的日子里才有机会厚积薄发。

改变——美术教师的成长故事

宋　丽

贵阳市花溪区实验中学

我是一名美术教师，静静地站在教室里，看着学生们挥毫泼墨，舞弄丹青，是我最大的享受。轻触学生完成作品后，偶尔抬头的粲然一笑，是我最大的欣慰。可是，曾几何时，我差点当了三尺讲台的逃兵。

十七年前，我随军从山东来到了贵阳。偶然的，我从一名平面设计师变成了专业相对对口的中学美术教师。初来乍到，初中生的自以为是让我惊讶，我的不善言辞也不能让我准确地表述见解……种种不如意，让我渴望快点离开三尺讲台，重操我的旧业。在得到家人的允诺后，我便在学校毫无思想负担地工作，心里想着反正没几天了，我马上就要离开了。

由于心情轻松愉快，上起课来便也流畅自然，时不时还妙语连珠。不知不觉，发现孩子们交头接耳，嬉笑打闹的少了，认真听课的多了，我获得了些许的成就感。为了提起孩子们的兴趣，我在课余时间下了功夫，看了很多与授课内容有关的书，上课时穿插上孩子们喜欢的故事和游戏，教学效果更胜一筹。我渐渐喜欢上了上课，但我始终坚信我还是要走的。因为对几个特别淘气的孩子，我仍然是束手无策。那个最淘气的，居然往彩色粉笔上涂了很多的胶水，我寻求班主任，甚至思教主任的帮助对他进行说服教育，可是收效甚微，我的课上他那不屑一顾的眼神分明是对我的挑衅和不满。"反正我要走了"，我这样安慰自己。我在对新职位的渴望中平衡着自己的心理。

如果没有那件事，没有那一天，我真的走了。

那是个阳光明媚的日子，我去上课，发现地上扔着一个被摔烂了的塑料文件夹，但花纹非常漂亮。我突发奇想，把这个东西做成小奖品一定非常好。于是我捡起来问是谁的。同学们告诉我是那个最调皮的男孩的。他进教室时，我问他还要不要，他依然那种不屑的神态，硬生生地回答我说他不要了。我说："送给我可以吗？"他疑惑了，继而勉强答应了我。

那节课是手工课，我讲课时他还像平时那样，似听非听、爱答不理。在孩子们做手工时，我把这个已经烂了的文件夹顺着它的花纹剪成很多个不规则形状的小卡片，之后穿进丝带，做成了一个个很精致也很漂亮的小书签。

讲评作业的时候，我把这些漂亮的书签作为奖品发给了一些作业优秀的孩子。别看，自以为是大人的初中生们毕竟还是小孩子，对于我的"奖品"爱不释手，下了课的时候还有一大群孩子围着我要。那个调皮的男孩破天荒地在下课没有第一个冲出教室，他坐在座位上，眼睛盯着那些由他的破烂变成的可爱书签，我看了他一眼，他的眼神立即躲闪开了。我拿着一个最漂亮的走向他的座位，说："这个应该给你，因为是你提供的原材料，贡献最大的是你。"他不好意思地抬起头，小声地说："老师，你真厉害。"我笑着对他说："不是我厉害，其实每样东西都有它的用处，就像每个人都有他的价值。"他把玩着手里的小书签没有说话，只是笑，若有所思，好像我教会了他什么。这是我和这个孩子第一次这么平和的接触，突然觉得他非常的可爱。

之后的时间，这个孩子好像喜欢上了美术，听我的课时，时常微笑地点头，作业也能主动交，而且质量不错，这是让我惊讶和没有想到的。他的变化使他那些超常好动的哥们儿也敬畏起我来，我的课堂渐渐富有生机和灵气。学校里我没教的孩子们向我提要求，希望听我上一节美术课，这使我获得了有生以来最大的成就感，随之而来的是一种巨大的责任感。回家时，我郑重和家人宣布我不走了，我爱上了教师这个职业。

那是发生在十七年前的事情，但回想起来好像还在昨天，感觉好像是那个男孩，他教会了我什么。

从一个抱怨的逃兵到执着教育事业的教师，从一个没心没肺的叛逆小子到懂得敬佩教师的好孩子。我不知道是谁改变了谁，但是我知道无论何种事业只要付诸真心，必能化腐朽为神奇。

如今，我喜欢引导学生遨游美的海洋，我喜欢欣赏学生制作美的瞬间，我喜欢收集学生创造美的佳作，我喜欢学生真诚的"老师好"的问候，我喜欢学生得到我认可时的忘乎所以……太多，太多的理由，让我执着、热爱我的职业。三尺讲台虽不宽，但我手持教鞭，心系明天；一间教室虽不大，但我爱学生，与他们一起燃烧自己的青春才华。在这平凡而神圣的教育殿堂，我愿做一块铺路石，为学生的成功之路铺设坚实的路基！我愿做一架人梯，让学生踩着我的双肩攀登到艺术的巅峰！

我的成长故事

符可培

贵阳市花溪区实验中学

记得一位哲人曾经说过："走好每一步，这就是你的人生。"转眼间，大学毕业快 18 年了，这一路走来，我觉得我是幸运的，虽没有太多的波澜壮阔，但每一步都让我记忆犹新。

刚走出校园的那会儿，年轻气盛，怀揣着对未来的憧憬，认为终于迎来了属于自己的一片蓝天，但由于入职经验不足，又心高气傲，在处处碰壁后，不幸成为一名待业青年。母亲安慰我，不行就再等一年，家永远是你的避风港湾……我知道作为一名刚毕业的学生，我有太多的弱势：我本就是一名非师范专业毕业的学生，无论从知识的专业程度，还是教态、教法上都有所欠缺，加上缺少课堂教学经验，如果就这样继续在家待着，是完全没有竞争力的，明年还会重蹈覆辙。就在我不知何去何从的时候，报纸上的一则招聘广告帮我找到了前进的方向。这是一所偏远的私立学校，刚建校不久，急需招聘老师，但是条件非常艰苦。作为一名城里娇生惯养的我，母亲希望我再考虑一下，但我明白这正是磨炼我的最好机会，凭着那份不屈不挠的坚定，看着这里学生们渴望知识的目光，我决定留下来，再苦再难也要坚持……今天想起来，眼眶还是忍不住会湿润，但我不后悔，因为正是这份坚定和努力，我迅速地成长，变得更加成熟、稳重，也同时赢得了我能与他人竞争的优势。第二年，国家政策的改革，我参加了贵阳市首批教师招聘考试，以优异的成绩顺利入职，用自己的满腔热血及对教师这份职业的热爱，实现了成为一名正式教师的梦想。

光阴似箭，岁月如梭，如今，自己也从一个教育"小白"成为一名有着十多年教龄的学科骨干、教研组长、业务骨干教师。在这十多年的教育生涯中，有过激情，也有过彷徨，有过憧憬，也有过失落。但我清楚地知道，既然选择了教师这门职业，就要守住初心，甘于清贫，不仅要教好书，还要育好人。"少年智则国智，少年富则国富，少年强则国强，少年进步则国进步"，习近平总书记高度关注着青少年的健康成长，期待他们成长为德智体美劳全面发展的社会主义建设者和接班人。所以，作为教师光有教育激情是不够的，要明确学生需要什么样的老师？需要什么样的教育？

七年前，我也像大多数年轻老师一样，处于自己教育阶段的瓶颈期。每天只知道简单的备课、上课，教学形式单一、传统。为了完成教学进度，采取"满堂灌"的方式，从来没有思考过学生究竟需要怎样的课堂？没有研究过学生的学情？没有反思过一堂课的教学目标是否达成？学科核心素养是否落实？但幸运的是，就在我彷徨不定、举步维艰的时候，我遇到了让我教育事业发生转折的人生导师，她像一盏明灯指引着我前进的方向，是她给予了我能够展示自我的空间和平台，让我能有机会在专家、名师的引领下不断成长，在同伴的帮助下不断完善，让我重拾信心，在自己的工作岗位发光发热。通过五年的努力和蜕变，我提升了自己的专业水平和业务能力，改变了自己的教育理念，提高了自己的政治觉悟，成为孩子们喜爱，同行尊重、敬佩的好老师。但我觉得这些还不够，不久，在身边党员教师的影响下，我向党组织递交了自己的入党申请书，在思想上和行动上积极向党组织靠拢，主动学习《党章》、习近平总书记的讲话及国家各项方针政策，不断克服自身的弱点，思想也逐步成熟、进步。就在去年我光荣地成为一名共产党员，我会紧跟党的步伐，以更高的标准约束自己、展现自己，以更加坚定的信心热爱这份教育事业，继续朝着自己理想的方向努力前行！

有人说：经历就是财富。没有曾经的青涩，哪有今天的蜕变。作为教师，在专业成长的道路中，无论痛苦、徘徊、快乐或者感动，都是我们心灵成长不可或缺的元素，相信我们在不断超越自我的过程中，必会化茧成蝶。教师职业是平凡的，也是重要的，未来的一代需要我们去引领，需要用我们的爱心、耐心、责任心去开创他们美好的未来。在今后的教育之路上，我要学会去感受教育的美好，做一名幸福的老师！

传递·成长·坚守

姬晓佼

贵阳市花溪区实验中学

"长大后，我就成了你……"一首老歌勾起了我关于教育理想起点的记忆。歌里的那个"你"是小学时站在讲台上年轻漂亮的数学班主任，小小的我仰望讲台，觉得讲台上那个身影真是好自信又神气；歌里的那个"你"是出口成章、温文尔雅的语文老师，一手漂亮的黑板字，让我下定决心练好书写；歌里的那个"你"是在我叛逆期包容我的任性，引领我健康成长的 Miss 熊。当顶嘴的我收到的是一个宽厚的微笑，厌学的我收到一盒英文歌的磁带，我知道，所有幼稚的行为都该停止，奋斗才是青春该有的色彩……

学生时代的每一个阶段，都有一名老师影响着我，正是因为他们，高考时我毅然决然选择了师范专业，毕业后我毫不犹豫地选择了教师这个职业，我也想像他们一样，让自己成为一束光，给孩子们照亮未来的一段旅程。

2009 年，我正式入职安顺市民族中学，成为一名高中语文老师，3 年后因个人原因我来到贵阳，成了一名初中语文老师，最初对于初中教学的不适应一度让我想要打退堂鼓，但对于教育事业的热爱让我一次次的选择调整自己，改变自己的教学方法去适应初中孩子的思维和能力，经过一段时间的调整，我不仅适应了初中的教学工作，也喜欢上了初中这帮让人又爱又"恨"的孩子。

一、以爱育人，为学生铺设终生发展之路

我深知孩子是最敏感的精灵，老师的一个表情、一个动作，对他细微的态度往往会被孩子刻进心里，而这很有可能会影响一个孩子对学习的态度。当我回忆对我有着深刻影响的几位老师的样子时，发现"微笑"是他们脸上最生动的表情，于是我把对孩子们的喜爱化为笑容，时常挂在脸上，他们接收到友善和尊重的信号后，也总是愿意对我敞开心扉，每一届学生下课时都喜欢围在我的办公桌旁，有时是来问问题，有时是来闲聊，有时是送我一根棒棒糖，有时是情绪失控时来我旁边哭一场。当孩子们愿意把老师当作倾诉的对象，当"接纳""认可"成为老师在孩子们心中的底色，我知道，我对他们的影响正在慢慢发生。他们对我的依赖和信任不止于初中三年，很多孩子在进入高中后也常常与我通过网络联系，向我倾诉他们的压力，告知他们的近况，在收到他们发来大学录取通知书的那一刻，我知道，我又陪着一群孩子找到了未来的方向。

二、立足专业，教会学生终生学习

作为教师，守护孩子心灵的成长之外还要培养学生的学科素养。"学高为师，身正为范"，源源不断的活水是职业的基本要求。我知道做一名好老师绝非易事，渊博的知识、高尚的情操、饱满的热情、乐观的心态缺一不可，这是教育素养的延伸，也是工作责任心的具体表现。为成为一名好老师，我一直保持上进的心态，注重锤炼自己的教学技艺，认真研读教材，重视继教学习，不断总结自己的教学经验，尝试使用新的教学方法，充分调动学生的学习积极性。

语文是基础学科，阅读、表达都是终生学习的能力，在备课上课时我将阅读和写作能力的培养贯穿教学始终，根据班级学生的情况选择尝试一些新颖的教学方法，使课堂形式活泼多样。阅读方面我利用小组合作，以互学、

互助的方式，实现学生间的资源共享，让课堂轻松又高效。学生学习、阅读兴趣得到提升后，我总是趁热打铁向孩子们推荐一些与教材相关的好书，给孩子们打开阅读的大门，引领他们"想读书、愿读书"，使阅读成为一种能让他们终身受益的好习惯。在培养写作能力方面，我设计了"每日作业"，不设主题，不要求字数，安排孩子们每天记录生活中的小事，有的孩子写了三年，积累起来有十多个本子，里面记录了他们成长路上的点点滴滴，从最开始的无事可写到最后总能用一两页纸张记录从生活小事中体会到的快乐与美，孩子们的写作能力在提升，对生活的热爱也在增长。通过这些方式的培养，近三年所带的学生中，有作品发表在《意读》杂志上的，有获市、区征文比赛奖项的。

课堂上我还引导、鼓励学生们勤于思考、勇于发言、敢于质疑，不培养死读书的机器，着力培养学以致用的创新实践者。在个人的认真钻研努力下，近几年来，先后曾获市级信息技术成果二等奖、省级优课二等奖、教育部"一师一优"部级优课；指导学生获区征文一等奖一名、三等奖两名、市作文征文二等奖一名。

三、做一块砖头，去需要的岗位锤炼自己

工作 13 年来，我除了承担教学工作外，还承担过班主任、行政部门等工作。每一次工作的调整我都告诉自己，这是新的挑战，更是新的机遇，顺应变化、适应变化、在变化中谋求提升是对待工作最积极的态度。在接受新工作后，我都要求自己快速的适应，并运用自己的智慧高效地开展工作。在班主任工作中，我利用每周一次的班会课进行主题活动，凝聚班级的力量，培养学生的集体主义精神；在行政工作中，我认清了自己的工作职责，把为老师们服务作为宗旨，尽力为老师们提供帮助。我将自己看作一块砖头，在教育需要的地方提供自己的能量。我也在这些工作中得到锤炼与成长，逐渐变为了教师队伍中更成熟的一员。

回望自己的成长经历，那些默默奉献的老师照亮了我人生的道路。成为

教师 13 年，我也在照亮着我学生的道路，陪伴着他们逐渐成长。当我思考"我是谁？"这个问题的时候，我希望有一天我能骄傲且坚定的回答：我是一名教师，我是一名坚守在基础教育战线上的卫士。

我将无愧"人民教师"这个称谓。

那些美丽的遇见

向　静

贵阳市花溪区实验中学

2000 年我从师范学校毕业后顺理成章地成为一名小学语文老师。三年后我获得在职进修的机会，在贵州省教育学院瞎混，这么说豪不夸张。我是一个随遇而安的人，原想我就是一个庸常的中学老师了。一个井蛙般的人，只有走出井口，才发现世界之大，并感叹自己目光短浅。以时间为轴，用几个关键词记录我一路走来遇到的人和事。

一、奋进

2018 年秋我们学校一行五人在张昌彦副校长的带领下奔赴山西运城，参加《共创成长路》交流研讨，接待我们的张娇琴老师把她的一段经历当笑话讲给我们听，她说她当年参加二星老师培训的时候主持人说 80 后的举手，哗啦啦地一半多的人举了手，90 后的举手，也有很多人举手，70 后的举手，零零星星也有一些人，到了 60 后，人家不问了，她说她就是那个没有被问的 60 后。我笑了也思考着，比你老的人都这么拼命，你有什么理由不奋进？现在张老师每年暑假也会和所有的梦想教练一样带着一支队伍，奔赴某一地方支持暑期教练计划。

二、差距

2018 年冬我赴常州市参加《国际理解》课程专项培训，我看到了东部和西部的教育差距。第一天的见面会上，常州市市北初级实验中学的同学们在外教老师的指导下给我们表演全英文的话剧，据我所知全贵阳市没有几所学校有外教老师。我们培训期间品种丰富且卖相精美的茶歇全部是该校烘焙社提供，培训间歇，也有 DIY 社的同学向我们推荐他们的产品。我不禁想：这样提升和锻炼的机会对于我们的学生来说有多少？就算为数不多的机会来了，我们的同学能拿出怎样的作品呢？

三、努力

2019 年暑期在内蒙古支持暑期教练计划，我们的队伍里有来自复旦大学的大学生志愿者，由于他是学语言的，但宣传海报却画得特别棒，所以让我印象深刻。后来看他的朋友圈，看到他学习了许多的语种，如德语、法语、西班牙语、意大利语、葡萄牙语、阿拉伯语、希伯来语、拉丁语……看到如此年轻的人都这么努力，我还有什么理由不拼命？

四、警醒

2019 年四星培训的现场，一位胖胖的大学生志愿者，能坐着绝不站着，能躺着绝不坐着。复盘时，讲师毫不客气地说：一个连体重都控制不了的人会有多自律呢？三年过去，四星培训的内容已经模糊，唯独这句话时常在脑海里出现，大多数人都会自嘲"懒癌"晚期，是啊，一个连体重都控制不了的人会有多自律呢？感谢这句话对我的警醒。

工作二十余年，一路不紧不慢的行行走走，偶尔跌跌撞撞，还好没有头破血流。庸常的生活，亦有很多惊喜。记录以上种种，也许不过是一个人的自娱自乐。但通过别人反观自己，并悦纳自己，在个人成长方面亦是一种收获。

教师个人成长故事

杨斯麟

贵阳市花溪区实验中学

自 2009 年参加工作以来，从事音乐教学和科室工作。曾获第九届全国少数民族运动会授予荣誉证书、贵阳市嘉奖；获"一师一优课、一课一名师"省、市三等奖；贵阳市花溪区初中音乐优质课比赛二等奖；在带学生参加比赛、教学设计比赛中多次荣获奖项。

从教 12 年，由一开始的不喜欢到现在的喜欢。我越来越享受我的课堂，也享受和孩子们在一起的时光。教室、讲台和孩子已构成了我生命中不可分割的一部分。我与他们一同学习、一同玩耍，一同成长，亲历了他们蜕变的全过程。在孩子们身上，我一次又一次感受到了生命的美好和为人师的小骄傲。都说时间去哪了？其实时间哪也没去，它磨炼出了真功夫，沉淀出真性情，滋养出幸福感。

在一次次的课堂教学与比赛课中，我所做的就是积累、沉淀，努力把每一节课都当成示范课去准备、去执教，更要争取每一次赛课的机会，敢想、敢争、更不怕失败。记得每次赛课前的一段时间，我总是在忙完学校事务后，回家备课，反复练歌，找寻作品演唱的韵味，找寻如何让学生融入民族音乐，然后将教学过程写下来。第二天，先到自己要上课的班级，然后再匆忙赶到试讲班级上课，利用大课间、第三节课时间，学校领导及教研组教师再针对我上课存在的问题进行讨论和指导。中午的时间我也丝毫没有浪费，抓紧时间消化，修改教学设计和课件，晚上回去再备课。毫不夸张地说，每天夜里我都是在备课状态下睡着的，一觉醒来，接着流程往下过。第二天再上、再改，往往一节课背后我最少要重复这样的流程 10 遍，有时还要面临大改大动。此时我觉得自己最大的进步就是不觉得这是苦了，而是一种享受，虽然身体上是累的，但上课的过程是享受的。特别感谢学校领导对我工作竭尽全力的支持，还有许多参与评课教师的悉心指导！我想，一节成功的课背后不是你一个人的努力，而是很多人的默默付出。在一路上课、赛课的过程中，回头看看，发觉自己在不经意间成长了不少！感谢这样的经历，让我更加走近孩子的世界，也让我更加爱音乐、爱生活。在教学的路上且行且歌，绽放最美的自己！

在科室工作的日子里，我是幸运的，因为我遇到了率先垂范、善解人意的领导，从他们身上，我学会了公平公正的管理胸怀、以人为本的管理情感、关注细节的管理方法、追求完美的管理境界，在这里遇到了一群拥有大爱的教师，在与他们的研讨中，我真实地接触了各个学科的教学，习得了方法，也发现了问题。同时也让我更多地体验了老师们真实工作中的忙碌和有令则行的质朴与可爱。我学会了换位思考和理解宽容，懂得了工作不仅仅是去布置任务，而是要站在各种角度去思考操作中的困难及解决困难的方法。我想，只有这种把自己定位于服务于大家的角色上，才可以真正实现自身的价值，赢得大家的信任。写这篇文章的时候，我又一次单曲循环播放《光阴的故事》，我珍惜这时光里朴素的日常，这便是光阴的故事，也是我成长的故事。岁月不与千秋老，光阴不负有心人。锦瑟流年，故事不休……

专业成长故事

杨通华

贵阳市花溪区实验中学

我来自一个少数民族聚居的地方，是一名从大山深处来到贵阳的苗族教师。冬去春来，花开花落，转眼间踏上讲台已十余载。在教师工作的岁月中，我经历了喜怒哀乐，品味了其中的酸甜苦辣，感到无助过，也曾想放弃过。"宝剑锋从磨砺出，梅花香自苦寒来"，现在我不是名师，但是我无怨无悔，乐在其中！点点滴滴的成长与进步，源自信念的力量，也是领导、老师、亲人、朋友们像一块块砖石铺砌成一级又一级的台阶，让我迈进这个"美丽的世界"。

2012 年 9 月，我带着对教育事业的一片热忱，带着对贵阳市花溪区实验中学这个团体的崇拜，为了在省城学校有更多的机会跟优秀教师学习，我考进了贵阳市花溪区实验中学。然而，当我进入学校开始工作后就出现"水土不服"的情况，这里的孩子说的全是普通话，不像以前的工作环境，而我普通话却讲不好，在课堂上经常让孩子们哄堂大笑，更有甚者说我话都讲不清楚，还当老师。现实与理想的强烈落差，让我的心情跌到了谷底，也曾怀疑自己走进实验中学的选择，我彷徨、迟疑、退缩。此时，感谢学校领导的支持和帮助，感谢学校给我机会去适应，让我得到成长。为了不被学生轰走、为了稳定下来、为了自己的初衷，我在尝试着，我在努力着。工作经验不足，我就虚心向其他教师请教；讲不好普通话，我就放弃休息时间向学校的普通话测试员教师学习和训练；课间，我就经常找学生"套近乎"，希望得到学生的喜欢，同时与学生一起交流让他们纠正我的普通话。在进入初中以前，我都是讲苗语，老师也是用苗语授课。而苗语和普通话的语法、修辞手法不一样，基本上也不能直译，比如说普通话里的"鸡蛋"，苗语发音为"gitghenb"，直译为"蛋鸡"，使我在语言交流，普通话授课中受到了比较大的影响。来到实验中学，我首先就是要过语言这一关，经过长时间的静心学习，日积月累，现在可以把苗语和汉语融会贯通，也使得我的教学水到渠成。同时我潜心钻研，努力学习教育教学理论，积极参加各级各类教研培训活动，努力提高自己的专业水平。教书育人，课堂教学能力是衡量一个优秀教师的重要指标。在教学实践中，我还积极撰写教学反思、教学案例、科研论文等，让实践中的"感触"通过文字进一步提升。而经常性自觉地进行自我教学反思、教学总结，使我进步不少，同时让我能清醒地认识到自己的缺点与不足，督促着自己不断前进。我尝试承担学校公开课教学活动，认真查找资料备课、精心设计教学内容、积极进行课前准备、认真听取评课意见、积极进行教学反思几个环节中都认真对待，毫不含糊，为使自己的教学语言能更精练而反复训练。认真准备学校的好课堂、观摩课等教学活动，让自己慢慢地自信起来，学校让我担任班主任，也得到了家长和学生的认可，也得到同事的肯定，在学校组织的好课堂评比活动中从鼓励奖到三等奖，再到一等奖的过程，是学校领导和同事帮助成长的过程。2022 年 4 月 20 号在学校组织的大教研活动中上了《浮力》中考复习观摩课，得到贵阳市初中物理教研员的认可和其他兄弟学校同行以及本校教师的肯定，这些都让我更加有信心，倍感欣慰，自己在这个过程中又一次得到成长。

教书育人，是责任感和使命感并存，是不断自觉加强文化修养，用真诚的爱心、人格的魅力感染学生，如此才让自己的职业生涯辉煌灿烂。在新一轮课程与教学改革的今天，在"双减"政策和 2022 年义务教育课程方案课程标准的新要求下，教师能否按照政策和课标的要求完成教学任务，实现教学目标，与其自身教师专业化水平有着密切的关系。因此教师自身需要更加的努力去学习，去提高自己的文化素养。虽然经历了考核培训并获得了合格的教师资格证书，也经历了十余载的教师生涯，但并不意味着自己就是一个成熟的教育教学专业人员，教师的专业发展空间是无限的，成熟只是相对的，而发展是绝对的。课程改革给每个人带来了机遇和挑战，课程改革对教师的素质要求更高了，对教师的专业化水平要求更高了。为了在这个"美丽的世界"里畅游，我会更加积极进取，汲取养分，在接下来的教育教学中，我将不忘初心，砥砺前行！

小太阳，放光芒

邓扬慧

贵阳市花溪区实验中学

　　每个人的成长经历都是一本读不完的书，耐人寻味。2016 年 7 月大学毕业，8 月参加贵阳市的教师招考，9 月幸运上岸加入花溪区实验中学的大家庭，我真正成为一名光荣的教师。2022 年，是我作为教师的第六年，一步步走来，一天天褪去青涩，一点点成熟起来，一种为人师表的幸福感和自豪感也在心底油然而生。

　　每年的计划、总结，总是离不开"教育教学"四个字，作为教师，与这四个字是密不可分的，我的专业成长故事也将围绕其展开。

教育为先——星星拥抱月亮

　　考上教编那一天，我对自己说，绝不允许出现在课堂上哭着跑走的软弱模样，这样会硬生生将自己与学生放在对立的两面。追根溯源，在我的每个学习阶段，总有那么一位满怀激情却备受欺负的年轻老师，而我不想那样。

　　记忆拉回初一那年，我布置了一篇题为《我是一个____的孩子》的当堂作文。抱着某几个人完成不了的心理准备开始让他们写作，一节课我用"威胁"的眼神扫射着几个"老油条"，期望在我的"高压"政策下他们能尽力完成。时间飞快，"叮零零"，下课铃声响起，同学们陆续上交作文。其中一个"老油条"趁我不注意将作文本放上讲台，便一溜烟跑回座位。我想着他肯定没写完，带着火气翻开他的作文本。字数超过 600 字，心中涌起一丝喜悦。紧接着看标题，题目是《我是一个离婚家庭的孩子》，一下子，我的心里酸酸的。目光随即在教室寻找他的身影，只见他早已埋头呼呼大睡。

临近午托，走进教室，清点人数时，发现少了一个人。有同学们说，"是×××"，心中难免生气，怒气冲冲跑到隔壁教室去叫他，只见他仍埋着头。最后实在耐不住我的"紧箍咒"，才稍抬起头来，此时一个满脸泪痕的胖男孩出现在我眼前，心中的怒火瞬间化为心疼。随即降低自己的大嗓门，小心翼翼地询问他原因。果然，是那篇作文惹的祸，发自内心的写作让他动容了。离婚家庭的不幸总有相似之处，父母双方都已重组家庭，他只能跟着外婆生活，而外婆对他鲜有关怀。我好像有一点了解他平时叛逆的原因，安慰许久之后，能做的只有静静陪在他身边。这次谈心之后，我们彼此像是有了共同的秘密。尽管他还是叛逆贪玩，但没有一次在我的课堂上打闹；尽管他还是不学习，但每一次考试他都能遵守约定把作文字数写满。

在孩子们上初二的某天，上完第一节课后，我便要与他们说离别。一个个平时捣蛋的小鬼，把办公室围得水泄不通，哭哭啼啼。自己尚未反应过来，更不知如何安慰他们。在这以后的一段时间里，每次回总校总能看到办公桌上暖心的小纸条小礼物。回来参加学校运动会，你们路过看见我那雀跃的模样让我感动了许久。其中一个腼腆的小个子男生在队伍中努力伸出头来，我仿佛清楚地听到他卡在嗓子眼没说出来的话。更有几个操心的小朋友给我发消息说，"如果初三的学生欺负你，就赶快回来，我们等你"。看着这些信息我感到温暖又心酸，较真的我铆足了劲陪着初三学生备战中考。

一晃一年，初三毕业了。当年遇见的你们，来到了初三。幸运的，我们重逢了。第一堂课，你们久久不息的掌声让我骄傲了。记得开学前，你们给我发消息，说你们现在很糟糕，也许会让我失望。开学第一个月，你们拼尽全力学习，初一班上那几个"老油条"破天荒的认真听课，课后按时完成作业，课下主动找我背书，一切的变化都让我欣喜若狂。时间渐渐推移，那几个"老油条"也逐渐放弃了一开始学习的热情，上课总是趴着睡觉，不敢抬头看我。直到我忍无可忍，找你们谈话，你们告诉我，来到初三也很想努力，可实在追不上来。我尝试过挽回，结果你们还是去了中职。毕业拍照你们回来了，一个个神采飞扬地站在我面前，向我问好。开始上课后，惊喜地发现你们把书带来了，和同学们一起大声朗读课文。其中一个没带书的同学发呆了一会，像是被我们感染了，也融进我们的读书声中。那一刻，我多么希望时间停止，原来你们并不讨厌我，也不讨厌语文。我有些懊悔，没能及时拽住你们。但我依然相信，你们是天空中闪亮的星，走到哪都能发光发亮。

怀揣希望，我又怎会流泪？

可爱的你们，像满天的星星，白天隐藏光亮，贪玩打闹一点不让人省心；晚上溜出来，用纯净清澈的身体拥抱着我。而我像月亮，冰凉、消极。在你们有温度的簇拥下，我要努力蜕变成太阳，时刻照耀你们。满天的星星，我只提到了其中几颗，我们的记忆需要整片天空来承载。我做到了，没有在你们面前流泪，可心中泛起的泪花一片一片。

星星拥抱月亮，我们彼此依赖、相互馈赠，我们是幸福的。

两年忙碌的初三生活结束了，回到总校，回到新一届初一，我多了一重身份，加入了实验中学的新队伍——班主任。这意味着不仅将与学生有更密切的相处，也能与家长有更深入的沟通联系。两年多的时间，坚信"陪伴是最长情的告白"，践行"班级管理需要爱心和智慧"，我从事事参与、时时在线逐渐放手，尽管时有不足，但孩子们的成长让我感动。早读时在课代表组织下井然有序的琅琅读书声，当然偶尔有人不参与时班干部的批评声；运动会上看到同学落后自发组成的陪跑长队，随之因为陪跑违规导致同学成绩记零分的委屈泪水；公开课上的小心翼翼、积极配合也让你们成为老师们公开课的最佳助力；各类比赛中你们铆足了劲想为班级争光的求胜心；做错事或是觉得没有表现好，也总是第一时间询问，担心我被批评……我常常说，我太幸运了，遇到的学生总是那么好，就连家长们也好到惯着我的小脾气，你们让我自信又自豪。就像臧克家说的，"一个和孩子常年在一起的人，他的心灵永远活泼像清泉；一个热情培育幼苗的人，他会欣赏到它生长的风烟；一个忘我工作的人，他的形象在别人的记忆中永远鲜活；一个用心温暖别人的人，他自己的心也必然感到温暖"。这应该就是教育的魔力，我好像已经蜕变成了太阳，开始释放光芒。

教学为本——鼓励与认可的力量

我性格上慢热、不自信的一面让我在工作中安于现状。自 2016 年 9 月入校来，抱怨过学校各种针对新老师、年轻教师的规章制度，交不完的资料、学不完的任务、接踵而至的工作。殊不知，在悄无声息中我变得自信、从容。

从教的第二年，被通知要去教初三的两个班。当时在陈校办公室的谈话仍记忆犹新：对现在的学生怎么解释，对初三学生怎么应对，对个人成长的利弊分析，还有早已准备好的办公室，一个多星期的适应期……如果没有陈校的一句句鼓励打气，可能我会临阵退缩。两个月之后的一次在新校区科室人员会议中，陈校竟然点名表扬我："短时间内得到家长和学生的认可。"当时的我有点懵，我不确定是否真的做到，但这句表扬让当时迷惘的我充满力量，带着小窃喜，战战兢兢回到家，向家人们分享了这个喜讯。此后的工作中，我多了一点求胜心。

新教师入校，在专业和班主任方面都是有师父的，幸运的我，不只有一个师父。听高老师的课，我懂得了教师课堂思路清晰的重要性；听谢老师的课，我懂得了有趣有爱的课堂能事半功倍。还记得在学校新教师公开课中，我们七年级全组语文老师帮着我听磨课、提意见，上完之后面还在执拗于课上有很多不足的我，他们的一句句认可让我松了一口气。更让我对《河中石兽》这堂课充满信心，在今后的教学中不断改进，带着它过五关斩六将，先是在花溪区新教师汇报课中得到听课老师的赞赏，后是获得花溪区 2020 年中小学教师职业技能比赛"二等奖"，贵阳市信息技术教学应用成果比赛"一等奖"，2020 年贵州移动"和校园"杯教师技能大赛省级"三等奖"等多个荣誉。

对于上课，我越来越得心应手，找到了在专业上的自信。课下更是积极地钻研课标与教材，珍惜每一次的学习机会，力求有所得。记得在第一次到外校送课，从接到任务开始，我显得手忙脚乱，总担心上不好。当时忙碌的初三老师们都围着帮助我，鼓励我，特别是在总校的姜老师也抽出时间来帮我磨课、修改。这次送课是同课异构的形式，在对比中我发现自己的很多不足，尤其是粉笔字书写不工整，在学校的督促以及自己的勤加练习下，我的粉笔字书写有了很大的提升，这也增强了我的自信心。在今后的教学中收获更多同伴的帮助的同时，我也不断反思，加强学习，先后获得我校"好课堂"评比活动一二等奖，贵阳市初中教师第四届教学技能评比"二等奖"，花溪区说课比赛"一等奖"，贵阳市说课比赛"二等奖"等荣誉。

回顾担任"春禾阅读"教研组长期间，我也获得更多外出学习机会，走到外面看到更多新的学习模式和方法，对于专业教学有很大的帮助。学生在提高语文成绩的同时，综合能力也得到了提高。前进路上，时有的懈怠，时有的不自信，时有的偷懒，往往会让我们错失很多机会。我的成长路上，一个个关怀的信息，一个个提醒的电话，一句句的鼓励和认可，让我把握住了机会。先后荣获了2022年贵阳市"卓越教师"培养对象，2022年花溪区首届"教坛新秀"等荣誉称号，而我的荣誉是来自集体的力量。

记得从教第二年在写的一篇文章中提到，当时的我还处在"昨夜西风凋碧树，独上高楼，望尽天涯路"的境界。现在的我，在鼓励与认可中，已经进入"衣带渐宽终不悔，为伊消得人憔悴"的境界。作为一名教师，存有赤子之心，关怀学生，平心静气，严于律己，宽以待人，捧着良心教书，才谓之有"境界"。

所谓"境界"，一靠兴趣，二靠坚持。我是幸运的，幸运在于我拥有一个值得骄傲而且以之为乐的职业，我遇到了这么多的好领导、好同事，遇到了这么多纯真而可爱的孩子们。教育教学这条路是漫长而艰辛的，凭着这两点，一路执着追求，一路"寻"，定会收获"灯火阑珊处"的美好，成为一名有"境界"的教师。

每一束微光，都是时代的火炬。在今后的教育教学中，"小太阳"将继续放光芒！

在反思中成长

何应萍

贵阳市花溪区实验中学

时间过得真快，当我敲下这些字的时候，我恍然发现我已经工作快七年了。有句话是这样说的："我们已经走得太远，以至于忘记了为什么出发。"我好像很久没想过为什么选择当一名老师这个问题了，又或者是每天的点滴工作都是在回答这个问题。我知道，我热爱这份职业，我热爱那个讲台，我更热爱跟学生相处的每一个瞬间。

有人说，教师是辛勤的园丁，培育美丽的花朵；也有人说，教师是春蚕，劳作到死丝方尽；还有人说教师是人类灵魂的工程师，塑造着学生的精神世界；更有人说，教师是蜡烛，燃烧自己去照亮别人。而我说都不是！教师就是教师，是一个永远与学生一起学习、一起成长的人。

记得刚踏上工作岗位时，学校为了让我们尽快地熟悉教学、完成角色转换，对我们新教师进行了一系列的培训。初出茅庐的我觉得这种培训没什么意义，尤其是没有必要讲那些教育教学方面的理论，只要多提供几堂精彩的示范课，让我们模仿就可以了。因为没有教学经验，不懂得什么教学方法，面对教材时总是感到束手无策，我总是按部就班地按照课本上的内容给学生上课，也把握不了教学重点和教学难点，我甚至还不知道怎么做好一份教学课件。我记得刚上班的那一个月，我按照大学时候做家教的方法来上课。尽管我课下自己动手做了很多教具，课堂上也让学生做了很多笔记，但是第一次月考的成绩就给我浇了一大盆冷水。我带的那个班成绩在全年级倒数第二。我最先觉得是气愤，然后觉得很丢脸，最后陷入了深深的自我怀疑。怎么就是倒数第二呢？我真的教得那么差吗？接着我用了两节课来好好的观察我的课堂。我发现我的课堂缺乏活力、了无趣味，除了少数几个学生在比较认真地听讲之外，其他学生表现出很淡漠的样子。每当我提问的时候，下面几乎都是一片沉默。这样的教学效果当然不好，我十分沮丧却束手无策。我想到的第一个方法就是去向其他老师学习。我开始认真地去听课。看到人家课堂上那热烈的气氛，活跃的场面，我感到不解：一样的知识，一样的讲解，为什么效果却差这么多？当时的雷剑校长对我说："教师和教师不同，学生和学生也不一样，不同班级的学生，有不同的学习特点，而且，教学是一个互动的过程，需要教师根据具体情况加以变通和取舍。别人的教案和课例，只能作为一个参考，教学还是得有自己的东西啊。"一席话说得我茅塞顿开。我仔细地比较了一下与老教师的差异：老教师们熟悉教材，能够把握教学重难点，他们了解学生，他们的授课计划总是以学生为中心，对学生学习中可能出现的问题，具有预见性，并能准备好一套或几套解决方案；他们善于调动学生的学习兴趣，设置的问题和任务都具有针对性，不在没有意义的活动上浪费时间。课堂语言生动，讲解详略得当，注重对学生的评价，学生的积极性就被调动起来；他们注重新旧知识的联系，使学生始终在前一知识的基础上学习新的知识，这样，让学生学起来轻松，掌握起来也不感到困难。而我总是搞不清楚一节课到底能进行多少内容，唯恐完不成教学任务，所以总像是被人追赶似的赶进度，完全顾及不到新旧知识的关联；课堂上我虽然也设置了有趣的活动，可就是不知道有什么新方法、新手段去调动学生参与进来；我自己做的那些教具对学生也没有带来很大的吸引力。通过对比，我终于明白，教学只凭热情是不行的，教育教学工作时刻需要心灵的介入。仅靠简单模仿不可能掌握教学规律，它需要的是长期的学习与积累。不学习，心灵之泉就会枯竭，工作也就无"心"可用。要给学生一杯水，你就得找到永不枯竭的水源。这个水源就是学习和实践。

为了让我的课堂更有效，我开始投入到学习中去。我首先通读了英语学科的课程标准。因为我知道课程标准是指导教学的重要依据。我首先应该要做的就是学习新理念，不再用传统式的教学方法，把课堂还给学生，让学生成为课堂的主体，真正地认识到我在课堂上的作用；再次我在网上观摩名家课例，认真地做好笔记，我在手机备忘录里面记下了很多可以采用的教学策略，比如，对于听说课文本怎么样再次利用。我也是看了别人的课例才知道，原来课本的活动里不仅仅是做完就结束了，我们可以利用文本巧妙地设置任务，让学生反复练习，从不同维度提高学生的英语综合能力。当然，学校也非常关心我们青年教师的成长。每年都会举行校级好课堂活动，为了更快地成长，我也会积极参加。每一次磨课都会让我成长很多，我从原来那个不太会做 PPT 的新教师变成了一个会剪辑，会简单修图的老师了。可以说，读书和实践让我眼界大开。我发现，随着阅读量和教学经验的增加，在我的眼前好像打开了一扇大门，现在我真正地领略到了教学之美，备课变得容易了，课讲得生动了，学生的学习兴趣也变得浓厚了。这让我想起了一句话：付出总有回报。但一点点进步是不够的，我开始让自己变得忙碌起来。我认真地研究教材，思考活动与活动之间的联系，章节与章节的关联，我尝试着整合教材，删掉一些无意义的活动和问题，增加一些教学环节，让学生们积极地参与近来，真实地获得知识；除了课堂，在教学设计的编写上，我也虚心学习，规范自己的教学设计，积极参加教学设计的比赛。除了自己的英语课，作为学校梦想教师，我也在努力成长。从一星梦想教师到现在能很好地把握课堂，我真切地为自己感到开心。

在师生关系上，我也有了很多的感悟。一开始工作的时候，小孩子的淘气和无畏也使得我焦头烂额。但随着时间的推移，以及久而久之的相处，我发现每个孩子都有自己的纯洁闪光的一面。就像 Leonard Cohen 在《颂歌》中写道："There is a crack in everything，that's how the light gets in."——万物皆有裂痕，这样阳光才能照进来。作为一名教师，我不能以任何有色眼镜给任何孩子进行任何分类。当我发现这点的时候，工作的时候我就会拥有一个好心情，因为觉得每个学生都不错。其次，当学生知道我喜欢他们，在相处的过程中也会减少很多对立的情绪。而且，能够很好地发现学生的闪光点，便能够很好地进行"赏识教育"。最重要的是，在他们最珍贵、最单纯的年纪，应该有人告诉他们，他们每一个人都是这个多彩大千世界美好的一笔，也是无可替代的一笔。因为不是每个学生都能成为科学家，也不是每个学生都能成为文学家。在如今，有很多人对于一个孩子不能够去客观地判断，总以成绩衡量所有。在孩子年幼时期，他们没有建立健全的、独立的价值观，一些在大人眼中无关痛痒的言语很容易在孩子的心灵上造成不可抹去的创伤。作为老师，我要在尽力促使他们学习进步的同时，更需要在他们的心中种下一颗光的种子，或许他们现在还小，不能够理解，但我希望在若干年以后，当他们长大成人，站在人生的道路口要去选择的时候，能够记得"我的老师曾经告诉过我，我很好。"想到这些，我便很是欢喜。

我不是园丁，不是春蚕，不是蜡烛，我就是一名老师，我愿用我的爱心和耐心与孩子产生心灵的共识、共享、共进，温暖他们的同时也温暖我自己！就算出发得太久我也会记得出发的方向和原因！

同课异构助成长——记我的教学成长之路

谢欢欢

贵阳市花溪区实验中学

岁月的河流缓缓流过，成长的足迹深深留下，蓦然回首，自己的专业成长之路上留下了一串串或深或浅的脚印，记载着欢乐，记载着辛劳，记载着忧伤，伴随我一路走来。

从最初的一篇课文需要一个星期来完成，到能根据学生的学情有所侧重地对教材进行处理，结合班上的实际情况完成教学任务，一年的时间我站稳了自己的讲台。那时的我还幼稚地以为老师的任务就是完成教学任务即可，也从来没有过参赛获奖的意识。这样狭隘的教学观一直到 2009 年我来到了实验中学才彻底转变。在花溪区实验中学这个团结奋进的大集体里，经过领导的不断勉励和同事们的指导帮助，我获得了贵阳市第二届教学成果及教育教学论文一等奖，贵阳市第一届教学技能（教学设计）一等奖，贵阳市第二届教学技能（教学设计）二等奖，贵阳市第四届教学技能（教学设计）一等奖，贵州省创新教案设计二等奖，贵阳市优质课二等奖等奖项并因此获得了贵阳市教坛新秀的荣誉。从一无所知的大白到有一定教学方法的"教坛新秀"，这成长的捷径就是"同课异构"的教学研讨活动。

2009 年的实验中学，陈桂兰校长敏锐的目光关注到教师的专业发展，以师徒结对的方式在学校大力推展"同课异构"教学研讨活动，并以身作则，亲自参与，多次与我老带新结对，与我进行同课异构，并在教研组内开展听课、议课、磨课活动。

2010 年我与陈桂兰校长一起对鲁迅的名篇《风筝》进行同课异构，我从《风筝》的文本入手，带着孩子体会散文诗，而陈校从人物形象分析入手，带着孩子们体会"我"内心的悔恨，全组一起就是否要对初一的学生进行文体特点的教学展开激烈讨论，陈校提议放开争论，回归课标。大家纷纷回到课标当中，进行对阅读要求的研读，并对《风筝》一课进行自己的教学设计，我与陈校再次对《风筝》进行同课异构，在基本上完了全年级 12 个班后，最终我找寻到了符合我校学生的教学方法，确立了《风筝》的重难点。然后在陈校的鼓励下，我以这篇教学设计参加了贵阳市第一届教学设计比赛，并获得第一名的好成绩。还因此得到了贵阳市教研员蒋宗智老师的推荐，参加了贵州省创新教案比赛，以另一份同课异构的课例获得贵州省第二名的好成绩。从此，我尝到了同课异构的甜头，开启了自己每年争取上一次同课异构研讨课的成长之路。

2012 年我与陈校一起就《记承天寺夜游》进行同课异构，凭借此课例我获得了贵阳市第二届教学设计二等奖。

2013 年我与麻岚校长一起就作文讲评课进行同课异构，我们从作文写作需要对生活的观察带领学生探讨观察生活的方法；从作文的结构的同课异构带领学生一起否定老三段，明确 456 的"汉堡包"结构法；从作文主题的确立到作文提纲的书写，我们用两年的时间进行了同课异构，用 5 年的时间进行作文的全年级批改，边批改边磨课研课，探讨作文讲评课的授课方式。感谢那 5 年的光阴，让我的作文教学上升了不止两个档次。也从那时开始我的学生纷纷在贵阳市、花溪区的征文比赛中获得奖励。每一届都有学生的作文在不同的杂志中发表，2020 年花溪区抗疫作文征文比赛及花溪区祖国好家乡美征文比赛中，我的学生获奖的比例高达百分之八十五。

从 2009 年至今，我年年都参加同课异构的教学研讨活动，不同的是以前我是师徒结对中被人带的小白，而现在我是老带新中带新老师的资深教师。在我看来，资深指的不是年纪而是自己的教学经验和教学成绩。

回顾这 12 年，我与很多老师一起磨课上课，参加了不小于 20 课时的同课异构活动，基于这些同课异构活动的课例分析，我有 10 篇论文在省级教育教学优秀论文评比中获奖，有 8 篇教学设计获得省市级奖项，3 次在"一师一优课"中获奖，也多次到望谟、赤水、六盘水、遵义、长顺、平塘、镇宁、清镇等地送课送教。而这些成就都是得益于"同课异构"的教研方法。

每年依托学校的"好课堂"这个平台，我校语文教研组每年至少要有一次全年级同课异构活动。在同课异构这条道路上，我们一直在努力，不仅是我获得了成长，我们语文组的老师们也在自己的专业成长路上收获满满。

自担任语文组教研组长以来，我多次主持教研组"同课异构"的评课活动，对多位老师的示范课进行比较分析，老师们的参与热情甚高，大家既有共识，也有争议。根据同课异构以来的经验，我对它也有了一些自己的认识。

1. "同课异构"的分析与反思

（1）教学设计要围绕教学目标设计活动

公开课不是表演课，不能搞成花架子，公开课必须对平时的教学有着指导意义以及研究价值。在同课异构中我们可以看到老师们来对己的教学内容进行取舍。以今年 4 月我组进行的主题教研《老王》的同课异构为例，语文组教师阎朝军教授的《老王》是小人物大情怀，而陈梓欣老师教授的《老王》却是对人物塑造方法的分析。虽然两位教师教学设计的形式不同，但都重视了让学生经历观察猜想、操作分析、交流研讨、感受体验等过程，引导学生积极主动地参与教学过程，有效地帮助学生建构和发展认知结构、积累语文活动的经验和研究问题的方法。

（2）教学是一门可以百花齐放的艺术

教学是一门艺术，教无定法，教学中教师要从学生的学情与自身的特点出发，找到一个最优的教学方案。但无论哪一种方法的出发点都必须以课标为依据。

（3）合理的多媒体技术有利于完善课堂教学

信息技术化的今天，课件的运用有利于课堂的教学，同课异构中我们大到教学目标的把握，小到课件字数的多少和大小都在进行探讨，还有哪种课件类型更利于我们教学活动的开展，这些对我们老师的专业成长也提供了有利条件。我们还能把打磨好的课制作成精美的课件，课件设计严谨、科学，堪称经典，即使教学经验并不丰富的教师，只要熟悉课件同样能上好本节课，课后还有一些班级的教师也采用该课件，并取得很好的教学效果，这也正好验证了课件的完美。由此可见，一节好的公开课，教学设计与课件制作非常重要。

（4）"同课异构"帮助感悟教学新理念

语文作为一门人文学科和工具学科以它特有的交际作用，帮助学生树立正确的人生观及价值观，语文老师通过自己的教学活动为国家培养人才。

我们构建起"评价＋反思＋营造发展氛围"的教师专业发展模式。同时，由于教师在人格、职业素养、教育教学风格、师生交往类型和工作背景等方面都存在巨大差异。因而，要使教育教学变得丰富多彩，应尊重教师的个体差异，并根据这种个体差异，确立个体化的评价标准，评价重点及相应的评价方法，明确地、有针对性地提出每位教师的改进建议，专业发展目标和进修需求等。这样才能充分地挖掘教师的潜能，发挥教师的特长，更好地促进教师的专业发展和主动创新。

"同课异构"活动对于听课者来说，是一节课的目标、内容、要求等要素的多样化呈现，这种具体的课堂呈现，对教材的理解也更加深刻。在教学反思的过程中，大家有着共同的话题，对问题的探讨也更加深入。通过"同课异构"活动，可以具体探讨某一类教材的教学方法，相互学习不同的教学理念和教学风格；在互相听课中，可以吸取别人所长，更好地完善自我；在交流与研讨中，可以发现自身知识结构上的不完整，加强对新课程教育理念的认识程度，从而促使自身专业成长。同课异构这种教学研讨活动对教师汲取知识养分而言不可谓不高效。

在我从教的16年生涯中，我用了12年的时间来进行同课异构，并依靠同课异构获得了较多的荣誉，作为一名教师成长的因素很多，但同课异构无疑是比较快速的一条捷径。

我和实验的十年

李姝蓉

贵阳市花溪区实验中学

2009 年 7 月，原小河区组建了实验中学，我也从原来的第一实验学校调到了实验中学。当时人员变动较大，一下子说是要被调到新的一所学校，而且是三所学校合并的，我心里充满了好奇，想看看我的新学校会是什么样子。

那时的实验中学除了教室和教室里的座椅，其他也没有什么了。刚开始办公用的电脑还是从原学校搬来的，这台电脑至今还在教务处的办公室里，它也陪伴我和实验中学走过了十年。理化生实验的用品也是老师们从原来学校把多余的、不用的仪器和药品拿来，暂时使用。新仪器和药品配来后，同组的老师利用课余时间一件件、一个个拆封上柜。当时实验一共八十八位教师承担 35 个班级的教学任务，每位老师几乎都是超工作量的在工作。虽然工作任务重，但大家也没抱怨累。前几年每年元旦的前一天，学校都会以教研组为单位编排节目，庆祝元旦表演，每次都要数体育组老师的节目最受大家欢迎。虽然只是在简陋的舞台上表演，但是大家都很满足也很开心，聚在一起迎接新的一年。实验中学就是一个互助友爱的大家庭，就像全校教师曾经参加的拓展活动中"信任背摔"一样，只有相互信任，放心交给对方才能毫无顾虑地倒下去完成活动项目。实验中学的老师们也是如此，在相互信任、相互扶持中共同进步，共同取得成绩。走进会议室，展柜上摆放的一个个奖状见证了实验中学十年的发展。

十年，在这十年里我送走了十届学生。这里面有把我当老师的学生、把我当姐姐的学生、把我当妈妈的学生、把我当朋友的学生，还有把我当"老大"的学生。每年都会教到顽皮让人操心的学生，相处交往中和他们斗智斗勇，但每年到了毕业时候送他们离开学校时总会有些许惆怅和不舍。但当他们毕业后回学校看望我时，我会那么的高兴，上学时的那些事被我们拿出来回忆时又是那么的温暖，当老师的满足感也许就在于此吧！一年又一年，一届又一届。这些学生有中考成绩位于原小河区第一的学生，有经开片区中考成绩第一的学生，他们每年都会给学校争得无数荣誉，荣誉的背后有着无数老师们的辛勤付出。如今我们的第一届学生也回到学校和我们成了同事。

实验中学十年的成长也是我十年的成长。依托于实验中学，我参加区级的优质课比赛，市级学科类比赛，送课下乡活动，聆听了省外、市里的学科专家对专业知识、课堂管理的培训。十年走过，课堂外的一次次培训、讲座，课堂上的一次次听课、评课研讨让我在专业知识上一步步提升，专家的指导点拨使我在教学方法上茅塞顿开，使我更深地领悟课本知识的内涵，更好地掌控课堂，更有效地实施教学。从而不断完善自己，走向成熟。在我成长的过程中同组的伙伴是我的老师，我的学生也是我的老师。在我当班主任期间，为了激励学生学习，课上曾对学生承诺如果有进步可以自己选择想要坐的位子，当时年轻的我对学习好的学生比较看重，却无视了那些后进生。当这届学生已经步入社会再回来看我时，其中一位曾经在班上成绩一般的学生对我说，当时因为我说的这句话她努力学习而且进步了，但结果我却没有让她选择。听后我很后悔，从那以后我就用这件事来提醒自己要平等地对待每一个孩子。没有好生、差生之别，作为老师我要去看学生身上的闪光点，要给予他们平等的爱，不能只是看他的成绩，所以现在班上的学生大多数和我的关系都很好，尤其是那些调皮的学生。学生的认可和信任让我和他们能更好地交流，也能更好地进行师生间的教与学。

回首过去，心里充满了感激和自豪；展望未来，任重而道远，我将继续和实验中学共成长、共发展。期待实验和我的明天会更好，更辉煌。

从自身经历谈教师个人专业成长

佘丹丹

贵阳市花溪区实验中学

　　时光如流水匆匆，转瞬即逝。回想起自己从教 8 年的历史教学历程，对它便有了一种从未有过的真切体会。8 年，于历史长河是转瞬即逝的浪花，于我的人生却是一段珍贵的黄金时期。回首走过的 8 年，我深有感触，经过 8 年的积累，多了一份自己的思考和感悟，今天把这些思考和感悟记录下来，以便以后更好的激励自己。

　　2014 年我毕业于广西师范大学历史学专业，毕业之后任教于贵阳市花溪区实验中学，这是一所充满活力的学校，整体的氛围让人舒服亲切。刚刚踏入职场的我，面对很多工作有些措手不及，感觉教学道路有些崎岖，学校在我们迷茫时给我们指明前进的方向，组织了老带新活动，在这次活动中不管是教学还是其他方面我都在积极学习，并取得了不错的成绩。

　　教师的职业特点决定了我们只有通过读书，不断地给自己"充电"，才能拥有源源不断的"活水"，给自己和学生的双重成长以坚实的保证。记得刚踏上工作岗位时，学校为了让我们尽快地熟悉业务、完成角色转换，对我们青年教师进行了一系列的培训。初出茅庐的我觉得这种培训没什么意义，尤其是没有必要讲那些教育教学方面的理论，只要多提供几堂精彩的示范课，让我们模仿就可以了。因为初登讲台，不懂得什么教学方法，面对教材总是感到束手无策，不知道课堂上该讲什么、讲多少，所以特别希望老教师给一个明确的、具体的、能"立竿见影"的做法或模式让我们参照，甚至照搬，否则心里就没有底。自从有了老带新果然在教学上省劲了不少，一切都不必费心，教材的处理、教学环节的设计、课后练习的安排等，一切都照老教师的去做，无从下手的困扰没有了，每天上完课回到办公室，感觉是那样的轻松，那时的我以为教学就这样简单、容易。可是，渐渐地我发现我的课堂缺乏活力、了无趣味，除了少数几个学生在比较认真地听讲之外，其他学生表现出很淡漠的样子。每当我提问问题的时候，下面几乎都是一片沉默。这样的教学效果当然不好，我十分沮丧却束手无策。再去听老教师的课，看到人家课堂上那热烈的气氛，活跃的场面，我感到不解：一样的知识，一样的讲解，为什么效果却差这么多？我曾经的一个导师对我说：教师和教师不同，学生和学生也不一样，不同班级的学生，有不同的学习特点，再者，教学是一个互动的过程，需要教师根据具体情况加以变通和取舍。别人的教案和课例，只能作为一个参考，教学还是得有自己的东西啊。一席话说得我茅塞顿开。我仔细地比较了一下与老教师的差异：老教师们熟悉教材，了解学生，他们的授课计划总是以学生为中心，对学生学习中可能出现的问题，具有预见性，并能准备好一套或几套解决方案；他们善于调动学生的学习兴趣，课堂语言生动，讲解详略得当；他们注重新旧知识的联系，使学生始终在前一知识的基础上学习新的知识，这样学起来轻松，掌握起来也不感到困难。而我总是搞不清楚一节课到底能进行多少内容，唯恐完不成教学任务，所以总像是被人追赶似的赶进度；每节课我的第一句话通常是："这节课我们继续进行下一节。"完全顾及不到新旧知识的关联；课堂上我虽然也想上出点新意，可就是不知道有什么新方法、新手段、新角度。通过对比，我终于明白，干工作只凭热情是不行的，教育教学工作时刻需要心灵的介入。仅靠简单模仿不可能掌握教学规律，它需要的是长期的学习与积累。不学习，心灵之泉就会枯竭，工作也就无"心"可用。要给学生一杯水，你就得找到永不枯竭的水源。这个水源就是学习和实践。带着这样的认识，我开始如饥似渴地投入到读书学习中去。我首先通读了新课程这本书，因为我知道，现在新课程已经在全国开展了，我首先应该要做的就是学习新理念；再次我到处搜寻名家著作，观摩名家课例，学校也非常关心我们青年教师，记得去年历史组组织我们去听冯铁辛的课，从他的课中我也吸取了许多的教学经验，以用在我以后的教学当中去，同时，学校里也经常组织我们去听优秀老师的课，这让我认真查找着自身的不足。读书和学习让我眼界大开。我发现，随着阅读量和教学经验的增加，在我的眼前好像打开了一扇大门，现在我真正地领略到了教学之美，备课变得容易了，课讲得生动了，学生的学习兴趣也变得浓厚了。这让我想起了一句话：付出总有回报。

　　教师与学生是一对互相依赖的生命，是一对共同成长的伙伴。教师的幸福不仅仅是学生的进步与成长，同时还应该包括自己的充实与成长。吾生有涯，而知无涯。

窗外

夏金亮
贵阳市花溪区实验中学

晚风，轻轻舞动薄衫，吹起书案凌乱的纸页，屋内骤起一片清冷，呆坐的我不由一阵哆嗦，目光很本能的望向窗户。刹那间，看着镜中映射的人，混沌的大脑清浊分明，思绪穿梭于过去的时光。

2015 年刚刚入职的我对学生成绩有着高期望，对课堂有许许多多的想法，曾经大胆地将课程设计与数学游戏结合。本以为在这种碰撞下，学生会积极参与，课堂会生动有趣，没想到"理想很丰满，现实很骨感"，学生们对参与游戏的兴趣寥寥，课堂好几次差点脱离掌控，整堂课很不顺畅，还有些乏味。此外还尝试过自主式学习等方法，但都是以失败结束。从那之后我就不再敢尝试，我开始将躁动的"我"关在密封的房间里，回归或者说是固执的选择填鸭讲授式的教学。而同学们的学习兴趣可想而知，更提不上对数学核心素养的培养。

但我是幸运的，因为我后来在我校观摩了谢欢欢老师的一节课。这节课课堂井然有序，同学们都积极参与、高效参与，没有人说小话或游离课堂之外，仿佛班级中没有一个学困生。课后，我才知道谢老师上的是梦想课。这就是我和梦想的初识，而我的教育观也在此时有了一束阳光普照，我打开了一扇窗，看见了窗外的春暖花开、鸟语花香。在此之后我和一批老师开始接触梦想课，并与梦想课相熟、相知、相恋。在这过程中我也通过梦想课这扇窗获得了很多与全国各地梦想一家人沟通交流学习的机会，比如在 2018 年铜仁梦想优质课比赛中我观摩学习了许多优秀老师的风采；郑州全国梦想课校本课程交流论坛开阔了我的眼界，让我知道了校本课程该怎么做；青岛《共创》培训，在王博老师深入浅出的分享中我认识到《共创》课程的来龙去脉以及上这门课时本质的思考是什么，等等。

在往后的日子里我带着在梦想中学到的理念践行在我教育的生涯中，也因此收获了许多：2017 年区级优秀教师、花溪区区级骨干教师、花溪区教坛新秀；还有 5 次省级奖项、7 次市级奖项、主持 1 项区级课题。如今春秋轮回，现在的我已是第三次回到初一年级，在与新生见面的第一节班会课上，我和班上的孩子说起曾与两届孩子都说过的话：我不要求大家在三年之后学习一定有多么好，但是我希望经过三年的校园生活，三年后的你是自信、从容、有尊严的人。

窗外一片都市繁华的风华，窗内的我点点宁静。

立足现状，不负韶华——工作那些事

朱 路

贵阳市花溪区实验中学

时光如梭，岁月流逝，犹记得初来实验中学时正是八月桂花盛开之际，不知不觉伴随着桂花花开花落已有12个年头，整理思绪，这一路走来，所有的点点滴滴，没有华丽的辞藻，只有朴实的语言来记录。有哭、有笑、有甜、有苦、有成长、有收获、彷徨过、茫然过。我们不需要去跟任何一个人比，而只是跟自己比。我在实验中学得过很多部门，教务处、德育处、教科研处，不管在哪个部门只要摆正态度、调整心态，我们这些平凡人在这个平凡的岗位上，也能做出不平凡的成绩来，绽放不一样的自己，绽放不一样的烟火。心态决定一切，只有积极的心态，做任何事都不会差到哪去的，只要心态好，收获的不只是一点点。在每一个部门的感受不一样，积累的知识与经验也不一样，对这12年的工作的总结就是勤能补拙（勤于思考、勤于反思、勤于学习、勤于行动）。

在德育处工作的5年里，我与同事、学生之间的相处模式改变了，变得更融洽、更和谐。还有一个更大的收获就是学会了主持。一直以来给自己的定位是一个没有语文天赋的人，更别说在家长、同学及全体老师的面进行主持。在我的个人认知里，在众人面前说自己的专业话题不是什么事，但是要在众人面前说跟自己专业无关的话题还是挺有难度的，记得第一次站在国旗下主持国旗下讲话并总结时，我是很紧张的，无论是站上去之前还是当时都是无比的紧张的，我想凡事都有第一次，迈出了第一步才是最好的。在接下来的日子里，总会在没人的时候大声地说话，勇敢地说话，就像第一次要上讲台时那样，练习无数遍，练平翘舌、练语速、练总结的话，多在网上去看相关的内容等，这是人生经历的一个积累，也将自己的另一面挖掘出来。

在教科研处时我有两个收获：一是成为入党积极分子；二是我教学业务能力进步很快。在递交入党申请书后，校长代表党组织找我们入党申请人进行谈话，问了我们一个问题：你为什么要入党？我的回答是：我对校长曾经给我说过的一席话记忆犹新，你追求的目标是什么？你的人生观是什么？你的价值观是什么？你的世界观是什么？那段时间我一直处于思考、茫然、确定、尝试、完成。我告诉我们校长入党在我的人生道路上起到一个鞭策的作用，不让自己有懈怠的想法，拥有不畏困难向前冲的动力，更是要经得起考验。接下来的日子我一直在思考我的目标是什么？我要成为我们专业的翘楚？我要成为区骨干？我要成为市骨干？我要成为学科带头人？想要成为的太多了，会让人觉得虚无缥缈和没计划。所以我先确定最能实现的去进行尝试，并完成它。首先确定的是成为区级骨干，就需要查阅相关文件及条件，正好同年贵阳市开启市级优质课比赛，但是得先从区里往上报，意思就是得先参加区级优质课比赛。一开始的时候，我还是怕的、胆怯的，别看工作了十几年，但是这种大型的比赛很少参加，会让人有种畏惧心理，怕上不好，给学校、自己丢脸。一直以来觉得自己是个脑子不灵活、想法不多、学习面不广、认识面不广的人，加上我校本专业在本区内也不是突出的科目，在专业上也没有更好的朋友可以进行指导。所以我的内心始挣扎了、犹豫了、彷徨了，经过一夜的思想斗争后，我还是决定不能放弃这个机会，我在网上去看往年全国优质课的视频，对于好的优质课我就进行反复的看，哪些地方是值得我借鉴的，用笔记下来，看了好几个后，来确定主题，主题不能太干瘪，又不能过大，还应该具有一定的特色，我就会跟学校里的老师多聊，以此可以得到启发。最后确定的主题是多彩贵州的相关主题，确定主题后再向细节开发（民族服饰、民族手工艺、风景及舌尖上美食），像民族服饰及民族手工艺及风景我就去向我校的美术老师请教相关知识，在参加完区级优质课比赛以后，以微弱的优势得到贵阳市优质课的入场券，我就去找了一位获得过全国优质课一等奖的朋友看我的 ppt、教案，得到她的一句全改，当时距离比赛时间已经不多了，从选 PPT 模版、教案的框架改动、任务单、说课稿，那时觉得 24 小时都不够用。准备工作做好了后，就要开始磨课，又遇到了一个新问题，就是电脑过旧无法一次将新程序安装成功，如果安装好一旦关机就前功尽嫌，当时只有我自己一人，孤立无援，心里一直默念，不能放弃，已经到这一步了，坚持下去，挺下去，每天我一早就进机房，一呆几乎一天，就这样一直坚持到最后，以贵阳市第七名获得市级二等奖，同年以这些积累条件去参评区级骨干，很荣幸获得区级骨干称号。以上是我实现目标的第一步，始于目标，贵于坚持。回忆起那段努力过的日子真的是痛并快乐着，过得也挺充实的，对自己本学科的教学目标有了新的认识，教学方法有了新的尝试，也给了自己在以后的工作的动力。以前的我只是凭兴趣去做诸如此微课、录屏解说，也不管效果如何，很是随意，经过这次只要是有比赛我都会去参加，不论结果，享受过程，也得到市级教学技能教学设计比赛的一等奖，带领学生参加科技创新比赛也获得了较好的成绩。

接手教研组从最初的 4 人信息技术组到现在的 3 门 11 人的信息艺术综合组。这不仅要体现专业能力，还要组织协调好本组里的各种关系，我一直在思考，要如何把 3 门学科的老师们的积极性调动起来，教研组长要做什么，只是通知一下学校的一些相关事物吗？组织我的组员积极参加省、市、区、校的比赛，组织就完了吗？组织本校相关学科的老师进行相互听、评课？是亦不是。在名校长工作室活动中，我组的杨斯麟老师将要展示一节音乐课，接到任务后我便邀请校外的专业老师以及本组的另外一名音乐老师聚在一起，出方案、探讨、听、评课，那个时候我才真真正正地去学习音乐学科的课标、听取相关专业老师的建议，校外老师走后，我们反复的听课修改，在展示课后，得到了其他老师的一致好评。在组织校内教研活动时，提出 3 门学科老师要相互听、评课，为以后学科整合做准备，我在带队的过程中感受到一个团体的相互配合、协作、凝聚力的重要性。

　　每一天都是新的篇章，每一天都有它自己的故事，我们都是这个故事的主角，我们都要带崭新的自己过好崭新的一天，每一个阶段都有它的意义、价值，我们要尽量实现。借作家莫言在今年五四青年节的时候给青年一代的一封信"不被大风吹倒"，无论在任何时候都不能被困难给吹倒。在工作生活的道路上我们一定要坚持学习，如果不学习的话，道阻且长，行则将至。行而不辍，未来可期。希望我们未来可期，不负韶华。在以后的日子里，以梦为马，以汗为泉，不忘初心，不负韶华。

"育"见成长

王华叶

贵阳市花溪区实验中学

德国著名的哲学家雅斯贝尔斯说，真正的教育是一棵树撼动另一棵树，一片云推动另一片云，一个灵魂唤醒另一个灵魂。在教育生涯中我与我的学生互相摆渡，不断地在变化着、成长着、收获着我们各自的成长。

班主任生涯中，遇见问题生总是避免不了的，而我却遇见了一群问题生，这给我的班级管理带来了极大的挑战。我采取了各种各样的方式来管理班级，有的失败，有的成功。问题生的类型很多，我班上有几个问题生的问题并不是一朝一夕的，有的来自家庭，有的来自环境的影响，但他们对自己都有一个固有的认识："我就是差，我以前就是这样的人，对自己没有信心。"于是，帮助他们打破固有的认知，积极地去改变自己，这就显得格外重要了。

班级中有个小男孩上课总是接嘴，不遵守纪律，下课就喜欢和同学追逐打闹，但让我印象深刻的是他在入校的第一次月考中，语文成绩考了 2 分，更深刻的是在事后的谈话中，他得意地说："我都考了 2 分了，你还要我怎样？"还有一次印象深刻的是他在校园里抽烟，被学校老师叫到了办公室，等到学校处理了后，我和他进行了一次深入的交谈。了解到他从四年级就开始抽烟了，父母离异，家长不管，语文连拼音都不会写，数学连绝对值也不会写，关键是他对什么都无所谓，反正考不上高中，在初中混混日子就好了。后来我经常关注他，有什么事情就让他去做，进步了就给他加操行分，还当众表扬他，几周之后，他在行为上面有了较大的转变。在学习上，我和他设定了目标，同时在班上给他找了一个小师父来帮助他，后来，在学习上也取得了一定的进步，行为上和学习上的进步让他认识到自己并不像以前一样差，这样的自信心让他开始主动地帮助同学，帮助老师做事情。他在前进的过程中，可能脚步会像乌龟一样慢，也可能会有兔子的不稳定性，但有进步就有变化，有变化就有成长。

班上有个小女孩，个子瘦高瘦高的，皮肤黝黑，嘴角有个1厘米长的伤疤，身上时常散发出一股奇特的味道。上课时，安静静地坐在自己的位置上，也不回答问题，下课时候总是静静地坐在一处，呆呆地望着同学玩耍，班上的同学都不喜欢她，甚至有调皮的男生还欺负她。我经常叫她到办公室聊天，谈及学习和生活上的问题时，我及时的肯定她，并且鼓励她。我俩还共同约定好了，要时刻注意自己的仪容仪表，勤洗澡，勤洗头发，勤剪指甲。并且告诉她，如果在学习和生活中遇到什么困难，就及时来告诉我。共同约定以后，我发现她衣服总是干干净净的，身上也没有其他的味道了，打扫卫生的时候还非常的卖力，我在班上公开地表扬了她，私下也鼓励她多与同学交流。在后来的观察中，我发现她课间时候开始和同学玩耍，脸上开始绽放出了灿烂的笑容。

最好的教育是一种潜移默化而持久深远的影响。班主任的工作让我与学生的灵魂有了交集，真正地做到了一颗心撼动另一颗心。当然，我也在教训、失败中慢慢摸索、成长。我的教育之路一度走得跌跌撞撞，在和孩子们的相处中也是碰撞不断，但我依然满怀责任心去影响着每一个孩子。在教育孩子的过程中自己作为成人的心智在磨砺中渐趋圆满，作为教师的教育经验也在积累中不断丰富。

我与"扛把子"的二三事

李孟起

贵阳市花溪区实验中学

2016年9月，初出茅庐的我踏入花溪区实验中学的校门，走进初一（11）班的教室，望着学生一张张稚气的小脸，我的心里充满了无限的期待和些许紧张，孩子们也是一样，对初中的生活充满了期待与向往，这是我第一次担任班主任，同时也开启了我的教师职业生涯。

刚开始的一个星期，我发现这个班的学生很乖，在和其他经验丰富的班主任交谈的过程中，还信誓旦旦地说，我们班的孩子很可爱，也很听话。这些老教师们语重心长地和我说，这才刚刚开始，孩子们进入到一个新的环境，还没有把自己最真实的一面表现出来，还在慢慢地试探老师的底线。接下来的三年，你将和他们度过"相爱相杀"的三年。慢慢地我发现，这个班的学生聪明又调皮，他们是个性张扬追求新潮的00后，热爱表达自我，却无法有效倾听别人的意见，喜欢与同学互动却缺乏正确的人际沟通方法，一系列问题逐渐浮出水面。

刘杰（化名），这个孩子是我的第一届学生中让我印象最深刻的同学。在开学不到两个月的时间，他这个"小刺头"，成了初一年级人尽皆知的"扛把子"，他学习成绩差，经常没事儿找事儿欺负同学，全班同学都惧怕他，就算他犯了错谁也不敢告状，有的同学说他做坏事儿的时候，还有同学为他站岗放哨。一次，他和初二年级的同学在男厕所抽烟被体育老师抓住送到了我这里。火冒三丈的我对他一顿训斥，没想到他不但不服气，还理直气壮地顶撞说："我爸知道我抽烟，他在家他也抽，他都不管我，老师你凭什么管我？"听到这一席话气的我浑身发抖，无奈之下，我联系了他的父亲请到学校了解具体情况。

从他父亲口中得知，由于他们忙于开店，疏于对孩子生活的管理，导致刘杰交友不慎从小学六年级就开始抽烟了，父亲也无可奈何，只能通过打骂来解决问题。不料越是打骂孩子，孩子越是和他对着干，最终这对父子的关系非常紧张，父亲只能向刘杰妥协。

在了解了具体情况之后，我在想如何可以缓解他们父子之间的关系。通过日常的观察，发现刘杰特别缺乏他人的认同感，在一次数学课堂，一道拓展性的题目，难倒大部分同学，没有人举手，刘杰随口提供了一句思路，得到了同学和老师的认同，课后我把他叫他办公室说："老师发现你具备其他同学所不具备的敏锐的观察力，可以很快地从不同的角度去思考问题，这非常难得。"这时，我发现刘杰的脸上露出一丝与往日嚣张跋扈不同的表情——腼腆。自此以后，我留心观察他的动态，经常与他谈谈心，慢慢地，他愿意与我敞开心扉并告诉我，每次回家晚或是家中的弟弟哭了也认为是他欺负弟弟，父亲总是不给他解释的机会，就是一顿打骂，他只能以这种叛逆的方式和父亲对抗。了解了他的内心想法我和他约定，我会对他的父亲做思想工作，改变父亲对于他简单粗暴的教育方法，作为回报，刘杰每个周要逐渐减少抽烟的次数。在这些日子中发现他进步就及时表扬，发现他有畏难情绪就及时鼓励，就在一次次的表扬与鼓励中，我逐渐看到童真的笑容回到了他的脸上。

在这三年的磨合中，有辛酸、有喜悦、有成功、有失败、有诸多说不完的故事。刘杰从初一刚进校时的"扛把子"，班上成绩倒数的问题学生，再到初三毕业时，逐渐成为一个有责任感，成绩名列班级前茅的学生。他身上那股最初和老师对抗的倔劲没有消失，只是把这个倔强用在如何成为更好的自己。步入高中的刘杰还经常和我联系，分享他在高中的学习和生活，我们亦师亦友，他的父亲也时常分享刘杰成长中的进步，我相信这一切正是每一位老师的初衷。

俄国教育家乌申斯基说："如果教育学期望从一切方面去教育学生，那么就务必首先也从一切方面了解学生。"作为教师想要学生对你多一分亲近与信任，这就需要老师躬下身来主动去亲近每一位孩子的心灵，用他们心灵深处的能源照亮他们的精神世界。在我眼里，每一个学生都是一朵含苞待放的花蕾，作为班主任，我们有责任让他们都顺利地绽放，对每一个孩子都应该多一分关爱，多一些呵护，时时刻刻提醒自己所有的孩子都有他最可爱的一面，每个孩子是鲜活灵动的个体，有着各自独特的性格，只有了解了这一点，才能尊重热爱自己的学生，给予每一个学生一份自尊、自信、关爱和鼓励。即使是带刺的玫瑰也能开得更加灿烂，不是吗？

教师成长故事

高 宇

贵阳市花溪区实验中学

当我以独特视角第一次踏上讲台这方略显狭小实则广阔的"方寸之地"时，当我能从教师的视角与那一双双天真无邪的眼睛交汇时，我是那样欣喜又坚定地告诉自己：我见到了天底下最美丽的星星！我信誓旦旦地下决心：我一定会尽自己的全力把他们雕琢成世界上最美丽的钻石。

我觉得，教师与学生是一对互相依赖的生命，是一对共同成长的伙伴。教师的幸福不仅仅是学生的进步与成长，同时还应该包括自己的充实与成长。吾生有涯，而知无涯。教师的职业特点决定了我们只有通过读书，不断地给自己"充电"，才能拥有源源不断的"活水"，给自己和学生的双重成长以坚实的保证。

记得刚踏上工作岗位时，学校为了让我尽快地熟悉业务、完成角色转换，对我们青年教师进行了一系列的培训，并安排老教师带领我成长。初出茅庐的我开始了新模式的学习，每天除了备课，就是听课，学习老教师的课堂经验，不断改善自己的教学方法。由于年轻，与孩子们很容易打成一片，与他们进行思想的交流、感情的沟通，这对我的教学也起到了很大的促进作用。我还发现当孩子们喜欢上一个老师时，就会爱上这个老师的学科，所以教师的魅力对一个孩子的影响是巨大的。源于学校领导对我的信任，我从工作初始，就担任班主任工作，一直跟孩子们在一起，让我感觉非常的幸福，快乐。

教学生涯中，我自己被感动的瞬间历历在目，那年是临近生产，正赶上我带毕业班，为了不耽误孩子们中考，我在计划要孩子的时候算好时间，正巧我的预产期就是孩子们中考的日子，家长们被我感动了，孩子被我感动了，他们平时对我的关心照顾，让我心里暖暖的。他们把我像大熊猫一样呵护着，在我坚持上完最后一节课后，他们走进了考场，而我走进了产房。中考结束后，他们纷纷到家里来看望我，给我汇报考试的情况，分享他们的考试感受，每一届孩子毕业后，都会想着我，惦记着我，这让我感受到教育的魅力。他们就是我最大的收获和成就，我想这就是我热爱教育事业的初心吧。

在从教二十三年的教学生涯中，跟随课程标准的要求，认真参加每一次的市教研，调整自己的教学安排。每届毕业班的升学考试，我都争取参加贵阳市的中考阅卷任务，这样做是为了更好地掌握考试方向，指导今后的教学。

"起始于辛劳，收结于平淡"是对我们教育工作者人生现实的写照。史烟飘过，回看今天，我无怨无悔。二十三年的教学生涯，走上三尺讲台，教书育人；走下三尺讲台，为人师表。虽感忙碌，虽感辛劳，但每天沐浴着太阳的光芒，呼吸着雨露的清香，在那些活力四射的孩子身上感受生命的神圣美丽，或许我干不出惊天动地的伟业，但追求本身就是美丽的。只要我们心中依然装着美，追求着美，我们就是美丽的。

爱孩子就爱孩子的一切，我觉得我更能全面地去看待我的学生了。其实学生本来就是一颗钻石，只是有了一些小小的杂质，我的责任是如何让这些小钻石更好地映射出太阳的光芒。让我们用包容的心去爱孩子的一切吧！

一次难忘的培训经历

叶　建

贵阳市花溪区实验中学

根据贵州省教育厅黔教函（2020）53 号文件精神，为进一步落实我省2020 年中小学幼儿园教师国家级培训计划和脱贫攻坚工作，充分发挥贵州省初中名校长的示范引领作用，"国培计划（2020）"贫困地区"一对一"精准帮扶长顺县培训项目由贵阳市花溪区实验中学作为项目实施基地校。

2020 年 9 月 26 日，贵州省初中名校长陈桂兰工作室团队在贵州省黔南布依族苗族自治州长顺县教育局的支持和协助下，在长顺县广顺中学进行送培送教活动。

根据活动议程安排，将在广顺中学进行三场专题培训，分别是由陈桂兰校长主讲的主题为《干部的自我认知与专业成长》管理干部培训；贵阳市初中语文名师工作室主持人、花溪区实验中学语文教师姜了元主讲的主题为《审视细思巧布局——一路修行教写作》初中语文学科专题培训；贵州省第三批乡村名师（初中数学）工作室主持人、花溪区实验中学数学教师叶建主讲的主题为《精准模拟，减负增分——中考复习教学建议》初中数学学科专题培训。

培训期间偶遇广顺中学停电，为了不影响参训教师难得的学习机会，三位老师的专题讲座在停电的情况下照常进行。虽然停电了，但精彩的培训内容并没有影响学员们的学习激情，学员们认真的听讲做笔记，有的学员还打电筒帮同伴照亮写笔记，真是太友爱了。

陈桂兰校长在主题为《干部的自我认知与专业成长》的培训中，从管理者的角度提出了管理的"道"与"术"。从管理的章法、管理的意识、管理的细节等方面诠释了管理的真正含义，并强调了干部素养的重要性。陈桂兰校长指出：一个好的干部，首先是一个好老师；一个好的管理者只有处理好各种关系，才能组建一个好的管理团队，才能达到好的效能和目标；一个团队只有目标一致，才有强大的执行力、推动力和前行力。

陈桂兰校长与学员们分享和交流管理经验并达成共识，认为一个优秀的管理者应该做到"服务、服从、团结、执行"四个方面。学员们希望以这次国培计划和脱贫攻坚任务为契机，加强兄弟学校管理干部之间的交流，做一个有抱负、有格局、有毅力、有担当、有目标的管理者。

姜了元老师在《审视细思巧布局——一路修行教写作》的专题培训中，从各位语文老师在工作中遇到的作文教学难题入手，带着老师们一起总结了学生在写作过程中存在的六种问题，再通过回忆作文流程图提炼作文写作的核心环节是"审题立意"，并针对如何"审题立意"提出了"四瞄四盯"的审题方法。

培训中姜老师还从近5年贵阳市中考的作文题入手，强调指导学生习作，语文老师需要重点关注的六个要求。从一种体裁，两个原则，三字要求到四个流程，五项技巧，六大禁忌，还结合学生的作品具体地展示了这些要求的具体落实效果。姜老师的培训专业性强、实操性强，获得了参训老师的一致好评。

作为陈桂兰名校长工作室学员的我就中考数学复习中如何做到"精准模拟，减负增分"进行了交流和分享。我从新中考关注热点，体现应用价值、育人功能的同时，从关注思维品质，考查思维能力的特点出发，建议教师的课堂教学从"五个着力点"下功夫，一是把课堂中的四基作为着力点；二是把教材的创造性使用作为着力点；三是把关注学生数学思考作为着力点；四是把数学素养的落实作为着力点；五是把学生实践、创新的培养作为着力点。为老师们在新中考背景下如何进行复习教学提供了理论支撑。

我还就如何进行中考有效复习分享了自己的做法，提出了"三类模拟试题，二类模拟练习题"的独特复习方法，老师走进题海，学生走出题海，做到"精准模拟，减负增分"。我独特的复习方法，激发了受训老师的学习热情，为他们提供了一套耳目一新的整套中考复习模式，老师们纷纷表示，今后将结合自己学生的实际，借鉴这种复习教学模式，使得人人都获得良好的数学教育，不同的人在数学上得到不同的发展。

最后我以史宁中教授的一段话作为结束语，和所有的参训教师共勉。希望我们的学生通过初中阶段的数学教育，"学会用数学的眼光观察世界，用数学思维思考世界，用数学语言表达世界"。

"心中有爱，眼里有光"，培训期间虽然没电，但并没有影响学员们的学习热情，老师讲的用心，学生学的专注。长顺民族中学、第二中学、第四中学、广顺中学四所学校的管理干部，语文、数学骨干教师 60 余人参加了培训学习，老师们纷纷表示，在一天的学习中收获满满，培训内容操作性、实用性强，有效促进了自身的专业成长，期待下一次培训的到来。

这就是我最难忘的一次培训经历。

向阳而生　追光不止

张小丹

贵阳市花溪区实验中学

我和很多同行一样，是因为父辈对"教师"这一行业的尊重和敬仰而选择的师范专业。后来，我自己加入了教师这个队伍，来到贵阳市花溪区实验中学，总有一种精神鼓舞着我，总有一种温暖包围着我，总有一束光指引着我，这里有给我莫大支持的同事，有对下属无限关怀的领导，为我们搭建各种施展才华的舞台。作为青年教师，我常怀敬畏之心，不断鞭策自己，努力靠近光、追随光、成为光。

回顾自己的成长经历，反思自己这 12 年以来的教学之路，时间像电影胶带一样倒放，经历过那么多有趣而难忘的事，而让我印象尤为深刻的，应该是 2021 年的说课比赛。

2021 年 9 月，我报名参加了花溪区第二届教师技能说课比赛，我抽到的时间是 9 月 9 日，距离正式比赛还有一周的时间。抽完签以后我就在心里盘算着我的授课题目，这对于从来没有说过课的我来说是一个全新的挑战，当时正值开学不久，我又恰好教八年级，看了看书，确定了授课题目为《1.1 探索勾股定理》，我按照自己的理解和所谓的"经验"，看了很多关于《勾股定理》的公开课及教学资源，心想这多简单呀！然后我根据自己的"理解"就开始写教学设计和说课稿，写了一天，完成了全部的教学设计和一半的说课稿，我以为我已经准备得差不多了，洋洋自得地把我的上课思路、教学设计等拿给叶建老师看，希望他帮我提点建议。出乎我意料的是，叶老师看到我准备的东西，回复我的是："回去好好研究教材，重新写！"说实话，当时我是不理解为什么让我重写的。回来以后，我不再参考别人的优秀课堂，而是翻开《课标》，打开教材，认认真真地把课标和教材深读一番，一字一句地去考究教材的说法、设计的顺序、《课标》的要求，我终于明白叶老师为什么让我重写了，因为我写的东西是别人的思考，而不是我自己的。接下来，我再一次研读教材和《课标》，对照《课标》要求深挖教材，体会教材设计的意图和重难点的突破手法，又用了两天，我把教学设计和课件写好，交给叶老师看的时候，他鼓励我说："进步很大嘛，但是有些地方还要改！"就这样，我们一字一句地推敲和修改。第二天，在我们组所有老师的帮助下，我把这节课上了一遍，不对的地方马上进行修改，改了又继续上课，经过一次次地打磨和修改，这堂课就达到了我所预期的样子。按照文件精神，这次的比赛是课后说课，我根据学生在课堂上的表现，教学中遇到的问题和学生对知识的掌握情况，进行了总结和反思，终于在正式比赛之前，准备好了说课稿和说课课件。接下来就是练习说课稿了，我对着镜子一遍遍地练习，先是读得滚瓜烂熟，然后就是去背诵，一背就是几个小时，但是我发现自己的表现并不好，与其说是"说课"，不如说是在"背课"，教学内容表现得很生硬，感染力也不强，尽管一直去找原因但是效果甚微。睡了三个小时以后，我回到学校马上把我的疑问问了组里的老师，大家都有自己的看法，我采纳了其中的一种，就是先背但不死记硬背，要富有感情地去完成，并且又进行了多次说课练习。

最后，这次的比赛我取得了花溪区的一等奖并且代表区里参加市里的比赛。当然，这不是最重要的，这次比赛的意义也远远不仅于此，比赛准备的过程远远比最后的奖励更有价值，因为在这个过程中，我又一次经历了"蜕变"，在这个过程中我感悟到了教学的魅力和自我价值实现的快感。

作为青年教师，身上肩负的责任非常重，只有不断地学习，才能让自己持续地进步，才能胜任当下艰巨的任务。其实，读书也是学习的一个很好的方式，因为读书可以不受时间和地点的影响。除了向身边的同事学习，我还阅读了很多和自己专业息息相关的刊物和书籍，比如《中学数学教学参考》《中小学数学》《中学数学杂志》等数学教学类杂志。另外，从《有效教学》到《做一个会"偷懒"的班主任》，到《中学班主任的 72 个临场应变技巧》，再到《从优秀教师到卓越教师》，在读书的过程中，自己学到的知识框架、体系更清晰了，且自我的理论修养也得以不断提升。

教师是一种"发光"的职业，如果说知识是人类的阶梯，那么教师就是照亮阶梯的灯塔。只有不断地去学习和持续地进步，才能让自己成为光，给学生指明学习、前进的道路。

让青春在奋斗中闪光——我的教师成长之路

沈 剑

贵阳市花溪区实验中学

走上三尺讲台，成为传道授业解惑者，是我最初的梦想，2016 年，通过教师招聘考试，我终于梦想成真，成了一名光荣的人民教师，怀揣着美好的理想和憧憬来到了花溪区实验中学，在这里开始了我的职业生涯。

如今梦想终成现实，我更真切地感受到教师这两个字的神圣、崇高和肩负的重大责任。古人云：学不可一日无师。此话不错，但学高为师，身正为范，这就要求我们教师不仅要知识广博，也要品格高尚，如此才能彰显出一种强大的人格魅力。教师应不断学习、反思，营造出严谨务实的研究氛围，提高自身的研究能力和教学实践能力，这将是我们不懈奋斗的目标！

作为新教师，青春是我们的资本，自信是我们的个性，拼搏是我们的誓言。总结 7 年的教师历程有以下几点。

1. 以案为纲，随机应变

教案是教师完美演练一堂课必要的基础。如果把一节课四十五分钟比作一场电影，那么教案就是这场电影的剧本。进校前五年我的教案都是手写版的，下班后回到宿舍备课，写教案就成了我的必修课。在制作课件时，通过多媒体软件的不断更新和运用，我也发现了传统 PPT 教学中的不足之处，所以对于新的多媒体手段，如希沃、微课制作我都花心思去研究，现在可以熟练掌握这两项软件的运用，并为全校老师开展过希沃软件教程的培训活动。

2. 磨炼——从量变到质变，成长路上难忘的大事件

我校教研工作在教学环节是比较扎实的，教研组集体听课并进行研讨，每一次研究课准备的过程中大家都自发主动地参与，组内的研究氛围特别浓厚。正是在这样的学习气氛中青年教师可以共同进步、成长，继而从稚嫩走向成熟。

2016年刚参加工作不久的我，积极参与花溪区初中数学学科说课比赛，荣获三等奖。印象最深的还是2019年花溪区初中数学优质课评比活动，此次活动开展时正好碰上我兼职的工资管理工作也有紧急事务要处理，两项任务加在一起让我工作强度增大，适逢冬天气候寒冷，在此次优质课评比活动中我突然高烧不退，但比赛如期拉开帷幕，所以我忍着不适坚持完成比赛，最后荣获三等奖。

3. 沉淀——不停止成长的脚步

（1）认真对待每一个四十五分钟

课堂就是一个四十五分钟接着另一个四十五分钟，认真对待每一个班级群体生活就是一个七日接着另一个七日。对于学生而言，每一个四十五分钟都是学习提高的时间；对于教师来说，每一个四十五分钟也是不断思考、反思、沉淀并继续成长的过程。我所执教过的各个班级都有不同的特点，孩子们的个性也不尽相同。同样是同一道数学题，在不同的班级有不同的数学思维的碰撞，成绩好的同学有些是靠数学思维，有些是靠后期努力。在2018届培优辅差班教学中，学生的思维碰撞让我意识到自己需要不断地探索和进步，学生也是在成就老师。

（2）做好班级的领头人

一个优秀的老师需得是一个出色的管理者。知道每个孩子水平如何，才能有针对性地提问，并且课堂能关注到每一个学生的学习状态，才能提高整体的课堂效率。除了管理课堂，班级班风建设也是管理好一个班的重要一环。据我观察，每个班集体都有不同的风貌，而让孩子们在一个风清正气的环境里学习和成长是极其重要的。班主任要学会知人善用，培养得力的班干

部，这又是一门学问。我所教的 2022 届（4）班，就算我不在校，我的班干部也能让同学们比跟在校时一样规范。

4. 不断进取——我成长的方向

学校名师工作室众多，近几年我也有幸参与过多次送课活动，去过清镇市麦格民族中学、精准帮扶平塘县等地，每一次送课自己的收获都很大。

同时，在专业研修方面，在学校领导的关怀下我得以不断提升自己。2017 年在上海参加贵阳市名师工作室联盟骨干教师高级研修班学习；2019 年 3 月在江西省婺源县参加初中数学解题、命题、数据培训；2019 年 7 月在新疆参加初中数学"自学、议论、引导"培训；2019 年 8 月在大连参加初中数学暑期微课制作研修班培训。另外还参加了贵阳市组织、花溪区组织的各种专业培训活动。身边的榜样不断引领着我成长，但是自身的不断努力，则是成长的必备条件。从理论的学习—课堂实践—总结提炼—反思再实践。在这个艰辛而充满收获过程中，我日渐成熟，我的理论素养提升了，思维活跃了，视野更开阔了。

在教学过程中，我除了教学工作外还得担任无数角色，如兼职行政工作、教研组长，但是只要发扬奋斗精神，就可以把平凡的事做成了不起的事，把不可能变为可能，我会继续在实验中学这个大家庭的关怀下，在自己的平凡岗位上奋发进取。

个人专业成长故事

柴裕江

贵阳市花溪区实验中学

成长是一个过程，成长是一种快乐。从参加工作到现在已经有 5 个年头了，我从一名学生成长为一名光荣的人民教师，每当听到学生们对我说"老师好"的时候，每当看到孩子们的点滴进步的时候，心里便会荡漾起无边的幸福。抛开浮躁，静下心来对自身进行一个仔细的剖析，能够让我们更好地发现自我的不足和找准未来发展的方向。曾听到过这样一句话："假如你想成为一个优秀的教师，那么你就必然要成长！如果你对现在的状态满足了，就此停下了，那么你就不会成为一个好老师。"做一名学生心目中理想的老师，这是每个教师孜孜不倦追求的目标。在我们的课堂上学生应该不是压抑的、冷漠的，也不是狂躁的、敌视的，而是开放的、欢快的。我们的校园能看到孩子们自信的眼神，听到孩子们生长的声音。作为青年教师，为了使自己快速地成长，成为理想的老师，需要做到以下几点：

1. 加强自身师德修养。

教师职业道德是为人师者的基本。我们面对的是一群有血有肉、活生生的孩子，我们的点滴都会给他们留下永恒的印记，面对孩子，你呈现给他们的是什么，他们便会放大两倍、三倍，甚至十倍地呈现给你。在教育教学工作中，作为年轻教师，我要真正为学生的终身发展负责，不要让孩子在成长的过程中因为我的原因而留下遗憾。

2. 多读书，做一个知识渊博的人

"腹有诗书气自华。"一个有广博知识的教师才会有道德感召力。读书，能够改变教师匮乏、贫弱、苍白的状态。走上课堂，照本宣科，捉襟见肘，多是因为读书太少。多读书，教师在课堂上、在生活中，才能引经据典，妙语连珠，给学生以知识的充实和心灵的震撼，才能够使教师不断增长职业智慧，能使自己的教学闪耀着睿智的光彩，充满着创造的快乐。教师只有拥有了深厚的文化底蕴，你才能自如地面对学生，自如地应对各种问题。也只有这样，教师才能真正完成其教书育人的使命。所以，我要让学习真正成为自己的一个习惯。

3. 虚心请教，取人之长，补己之短。

作为一名年轻教师，常常会由于缺乏资深教师的经验而出错。因此，我要积极向同事学习，多走进同年级教师和优秀教师的课堂，多向大家学习。积极参加教研活动和集体备课，就教学感悟、反思进行记录，及时将学生的思想问题及解决方法等与同组教师交流学习。

还要让反思成为习惯，让反思促进成长。只要教学存在，反思就存在。我要对自己的教学活动及时进行反思，积累经验，以提高自己的教育教学能力，为了学生的全面、健康、快乐的发展，也为了自己的成长。

2017年六月，我怀揣着满腔的热血，确定到自己的母校（花溪区实验中学）担任一名光荣的人名教师。此时距离正式开学还有三个月，可是我已经迫不及待地想尽快投入到工作中。期间我曾多次设想课堂上的我是什么样的状态，我那群可爱的学生会不会喜欢我这样的老师，我应该要怎样开展自我课堂让他们每节课都有收获等。九月，我站在讲台上的那一刻，我是激动的、喜悦的、兴奋的，看着一个个可爱的面孔，心理暗想要尽力让他们通过体育考试，让每一个孩子都有一个健康的身体。五年过去了，在这五年的时间里，我发现自己无时无刻地都在与学生们共同成长，他们可以说是我的学生也可以说是我的老师。

在第一年，我有幸地跟随着两位优秀的前辈学习着如何管理班级、如何驾驭课堂。在随后的几年里我陆续地根据学校的要求学会和接触到了很多的东西如：微课、梦想课程、社团课的开展，以及独特的教师假期作业、教职工运动会等。我学会了如何以另一种形式将自己的课堂呈现在学生面前，了解到新颖的教学方式，社团活动的开展也让自己的特长得以展现在我可爱的学生面前。假期时我要求自己试着阅读一些书籍为自我充电，运动会上还认识到很多志同道合的前辈同僚。最后在第四年里我很荣幸地成为一名班主任，班主任的工作虽然很烦琐，但是我也做得非常开心，随着和学生的接触增加，也使得我更加地了解学生，从而也形成了一些自我的教育方式。

我是一名充满希望、拥有活力的体育教师，也是需要努力学习和经受锤炼的老师。作为一名青年教师，我们拥有许许多多的机会，也会面临许许多多的困难，我知道自己身上还有许多需要改进的地方，但我要说年轻就是我的资本，我有着不甘落后的进取心，我会充满激情地奋斗、开拓、进取，将青春挥洒在自己热爱的教育热土上！

引导助力成长——我的引导故事

吕 烜

贵阳市花溪区实验中学

我在 2015 年至 2016 年参加了陈桂兰校长主持的学校体育组的系列教研活动，在教研活动中陈桂兰校长运用多种引导方法，帮助体育组的老师们群策群力达成共识，确定目标，这种参与式的活动及其方法深深地吸引了我。在 2016 年，经陈桂兰校长推荐，我有幸通过上海真爱梦想基金会与"引导"结缘，参加了由真爱梦想基金会组织的"真爱梦想校长引导力 F 计划变革领导力训练营" F3 班的培训。通过培训我学习和掌握了一些团队引导的理念、方法和工具。

回到学校后，我把引导技术和策略运用到了自己分管的工作和教学中。

一、总结会

当时学校教科处举办了花溪区实验中学好课堂的比赛，在总结时我首先将老师们分为参赛教师组和评委组两组，然后运用 ORID 焦点讨论法引导两组教师分别填写上课教师版和评委版《好课堂》反馈表并进行分享。通过对客观性问题、反应性问题、诠释性问题及决定性问题的思考，让老师的讨论和分享言之有据、言之有物，并针对课堂上出现的问题提出改进的方法和建议，大家都觉得很有收获。

二、年级工作会

我又用引导的方法主持了学校的初三年级工作会。在会前我精心设计了流程，选取了引导策略，运用了"为我们的团队讲个好故事、有收敛的头脑风暴、旋转木马"三个引导策略。

初三年级工作会从下午四点半开始到六点十分结束，持续一个小时四十分钟，比预计时间超时十分钟。从整个引导现场来看，基本与设计的流程相符，能跟着引导程序进行。设计的三个活动顺利进行，整个引导过程气氛很热烈，老师们都能积极参与到活动中，每个人都能充分发表自己的意见，基本达到了引导的目的。老师们梳理出五个阻碍我们实现愿景的障碍，并群策群力找到了解决问题的方法，老师们表示会选取其中适合自己的策略来进行。如年级组长张勇韬老师表示，会加强团队的合作，组织好年级组的老师打一场团队战，组织各班班主任开好班级任课教师会、家长会、学生会，并提出具体要求。

会后我对这次引导进行了总结和反思，成功之处在于三个引导策略使用比较合理，在为我们的团队讲个好故事的活动中，老师们回顾了过去曾经为学校创造的辉煌，树立了老师们的自信心，激发了他们的荣誉感和责任感，为后续活动的开展奠定了良好的基础。畅想未来的胜利愿景，激发了大家的干劲，共同找到阻碍我们胜利的障碍，增强了集体凝聚力。在克服挑战，达成共识环节，利用旋转木马，找到行动策略，每个参与者都明确了下一步的行动方向。遗憾之处是最后形成的行动策略中有些策略比较空泛，不具备可操作性。可改进之处在于如果时间足够，可以把最后的旋转木马换成卡片风暴，那老师们思考的时间会更多，得到的策略会更成熟和具备实操性。

三、质量分析会

以往的质量分析会都是各科老师自己分析考试情况，对试卷、答题情况进行分析，然后提出改进办法，我总感觉缺少一点什么东西。学习了引导技术后，我决定尝试用 DRID 焦点讨论法做学校的质量分析会。

在会前我准备了《焦点讨论准备表》，设计了四个问题及相应的流程

客观性层面：

1. 在我们展示的数据中，有什么数据吸引了你的注意？有什么是你觉得不太清楚的？我校学生与其他学校学生相比，你觉得怎么样？（个人思考 2 分钟）

2. 组内交流 2 分钟。

3. 各组派代表汇报。

反应性问题：

在这些数据中，什么让你感到惊讶？什么让你最担心？

与你对学生的了解和个人经验相比，这些数据给你的感觉如何？（个人思考）

诠释性问题：

1. 哪些成绩是与我们的预期相符的？哪些方面与预期不符？（个人思考发言）

2. 可能的原因有哪些？（小组交流，写在大白纸上）

决定性问题：

1. 为了我们能在下一次考试中取得好成绩，我们需要做什么？（小组讨论写在大白纸上）（切实、可行、可操作的）

2. 有哪些事情是我们马上可以做的？（小组讨论写在大白纸上）

3. 每项工作由谁来做？具体时间？达到效果标志？

分析会上，老师们针对问题积极思考，认真分析，群策群力，想出来许多切实可行的办法，特别是最后"有哪些事情是我们马上可以做的"这一问

题的回答，老师们表示，心中已经有了答案，会后就会马上着手去做，并积极承担每项工作。

在感受到引导的魅力后，我还在学校开展关于引导技术和策略的培训，把一些实用的引导工具教给老师们，比如：焦点讨论法、名片策略、旋转木马、欣赏式探寻、卡片风暴等。鼓励他们把引导技术运用到自己的教育教学中。

从接触引导到现在，我发现引导是一种策略和能力，是一种生活方式，也是一种魅力。引导能让我们简单、真诚、有效的对话，真正的智慧来自我们所面对的群体。

它让我在学校管理和教学中不断成长，当我们真诚地想听到团队的声音，就用引导。当我们真心想让团队做决定的时候，就用引导。当我们特别想让团队帮你去实施这些计划的时候，就用引导。当我们希望团队恢复能量状态的时候，就用引导。

我和工作室共成长

张昌彦

贵阳市花溪区实验中学

我是花溪区实验中学张昌彦，2016 年有幸担任陈桂兰省级名校长工作室的助理，在此过程中积累了一些工作经验，于 2017 年成为陈桂兰市级名校长工作室的成员，在工作室工作期间中，我经历了许多第一次，每个第一次都是一次成长的体验，今天，我将向大家分享一下这几年我在工作室成长的故事。

2016 年底，工作室按市教育局要求支持教育部"老校长下乡（校）活动"，花溪区实验中学与清镇麦格民族中学签订了三年帮扶协议，拟订了三年帮扶计划，我主要负责联络和落实帮扶计划。2017 年初，我第一次到麦格民族中学，还记得那天天还没有完全亮我们就出门了，三月的天还比较凉，又下着雨就更冷了，一路跟着导航的指引出了高速路走到了一条小路上，路旁的油菜花黄澄澄的，路面的泥泞也是黄澄澄的，还记得有一段路，由于不知泥洼的深浅，不太敢往前开，怕车子陷进泥里，可又怕误了上课时间，还是慢慢地试着前行，还好，有惊无险。到了麦格民族中学，下车一看，车身全是泥，好像洗了个泥浆澡。那次我也上了一节课，至今还记得学生们专注的眼神和纯朴的笑容，还记得课后，班主任问："刚才是你在我们班上的课吗？孩子们说很喜欢。"雨停了，站在教学楼上，望着对面的山，云雾缭绕，不浮不躁，感觉这里真是个好地方。后来每年我都要去几次，和陈校长一起带着老师们去听评课、送课，麦格民族中学的师生们质朴又热情，让我们每次去的老师都感觉愉快又轻松。他们也时常来我们学校一起培训、参加教科研活动。还记得有一次，有位女老师怀孕了，由两位老师护送着，仍然坚持来参加我校的研讨课活动。你来我往，两校建立了深厚的友谊，麦格民族中学的老师们说到我们学校就像到自己家一样。

时间过得那么快，转眼已三年，到麦格的路早已修好，三年里，我看到了麦格民族中学建起了民族文化长廊，老师们的教育教学理念发生了变化，学生成绩逐年提升。两任校长都是我们工作室的学员，他们常年以校为家，在工作中身体力行，处处示范引领，他们的执着与坚持让我由衷钦佩，不管工作多么繁忙，只要我需要帮助，他们都会积极的支持，深感能与他们相识是一种幸运。更幸运的是，在这次活动中结识了王丽华老校长，坐在她和陈校身旁，听她们聊天对于我而言也是一种学习。王校长也是工作室的特聘专家，记得她在培训中说过："无论你是教师还是校长，都应该有浓厚的教育情怀，用爱和责任去履职尽责。"在她身上我看到的就是教育情怀，她用"六项聚焦"，亲自指导麦格民族中学的老师们打造"有效课堂"，提升教育质量。从王校长那里我第一次听到："被需要是一种幸福。"我也想成为她这样被需要的人。

在工作室，我还认识了许多志同道合的伙伴，他们是我学习的榜样。工作室成员麻岚校长善于沟通，她在工作室的集中学习中用实例告诉我们："语言可以是扇窗，也可以是一堵墙。"她践行了沟通能力是校长的第一领导力，从麻校长身上我也看到了善于沟通对学校的有效管理很重要，我不仅要认真学习，还要多加练习。我们工作室还有一位专业发展大咖，他就是成员雷剑，他曾经是我校主管教科研的副校长，特级教师，贵阳市名师工作室主持人，在他身上映射出了陈校长常对我说的话，教师是专业技术人员，作为领导，学科专业能力也要强！所以，即使担任教科主任，我也没有放弃自己的专业发展，仍然积极参加区、市优质课比赛，积极参加学科课题研究，在我心里也有个名师梦。每一次工作室的活动，每一位校长的分享，不仅让我学到一些管理方法，更让我感受到他们身上的正能量。学员朱敏校长，是数学学科省级乡村名师工作室主持人，他爱国学，能写一手漂亮的毛笔字，他喜欢的一句话是"路漫漫其修远兮，吾将上下而求索。"我想，这就是他对教育理想的不懈追求吧。学员叶建，数学学科省级乡村名师工作室主持人，在自己成长的同时，不遗余力地带动、帮助青年教师成长。他说："帮助他人，就是成就自己。"工作室的成员、学员校长们都相信"只要努力，就会更好"，他们身上有个共同点就是尽力做好能做的事。和他们在一起，我的思想意识和工作能力都得到了提升，有人说，你和什么样的人在一起，决定了你会成为什么样的人，我庆幸，我能和这群有教育理想，有教育情怀的人在一起，一起去实践、去追求教育的美好。

2018年底，在工作室的集中学习中，我也将自己在学校所做的教科研管理工作进行了分享，协助校长关于促进学校教师专业成长的各项工作。加强青年教师的专业发展，激发青年教师发展的内在动力，促进青年教师专业理论及教育教学实践能力的提升，帮助青年教师尽快成长为各级教学能手、骨干教师、创新型人材、教坛新秀等，使其成为促进学校发展的主力军，这些是我们的工作目标，也是我们的工作职责。通过努力，仅2018年，我校教师在区级以上教育教学比赛中就有71人次获奖，我坚信教师的发展会对学生发展产生积极的影响，在工作室的这几年，我校凡开展教师培训、研讨课活动，都会邀请工作室成员、学员校的老师参加，希望各校的老师们能共同成长，携手前行。

有人说，每一次承担，都是一次非常好的成长机会，多年以后回头笑看，你会感激曾经的一切。2018年麦格民族中学被省教育厅批准为陈桂兰省名校长工作室乡村工作站。2019年10月，我们第一次到省名校长乡村工作站成员校——清镇犁倭中学，清早出门时，天还是没有亮，不同的学校，相同的场景，仍然是干净的校园、有礼貌的学生、热情的老师，乡村工作站各校的干部、老师们在这里一起学习交流，为学校发展、教师成长，共同努力着！

工作室就是我成长的一个平台，工作室主持人陈桂兰校长是我最好的导师，工作室的伙伴们是我学习的榜样，正是有了在工作室的一次又一次的锻炼，让我的每一天都比前一天更好，这就是我最值得骄傲的事。古语说："天地生人，有一人应有一人之业；人生在世，生一日当尽一日之勤。"现在我担任学校副校长，主管学校教科研工作，知道肩上的责任不可随意放弃，任重道远，"为每一个孩子的美好未来发展奠基"，我们还需要努力！

我的个人教育故事

朱　真

贵阳市花溪区实验中学

十九年的从教生涯有苦涩，也有甘甜。我用爱心铸成了一座座爱的长城，让我的学生在爱的跑道上飞奔，驶向梦想的彼岸。记不清以往多少次找学生谈心，记不清为多少个学生义务补课，记不清为多少个学生带过早餐，这一切都来自爱我的学生和我爱的事业。

当今，随着社会的发展，尤其是信息技术的发展。智能手机、电脑游戏等对学生的吸引力太大，一旦学生迷恋上网络游戏，就会对学习失去兴趣，学习成绩就会下降。我教过的一些学生就是这样，其中印象最深刻的是黄大鹏，他玩网络游戏上瘾，经常通宵玩游戏，第二天起不来，因此常常旷课，就算人到了课堂也不听课，还在课堂上捣蛋，让各科老师头疼得很。

有一天我问他："你明白一个人最重要的是什么吗？"他看了看我说："不明白。"我说："自尊、自控。"他一拍桌子对我大喊道："得了得了，什么自尊、自控，有什么用啊，谁都不尊重我，这个班自尊、自控的人还差我一个人吗？"他的话深深刺痛了我，我冷静想一想，是啊。像他这样的学生，哪有一节课不被批评的，天天批，节节批，他的心情能好吗？心情不好，表现能好吗？

我很重视这个问题，开始了解他的家庭情况，找他谈心，一开始他对我有戒心，不理我。我就一次、两次、三次……不厌其烦地找他谈话，记得具体找他谈过多少次了，最终他信赖了我。在谈话中我了解到，他寄住在他阿姨家里，可是这个阿姨也不是他的亲阿姨，他的爸爸妈妈在他很小的时候就离婚了，把他寄养在这个阿姨家，没有人关心过他，说到这里，他哭了，我的眼泪也留了下来，我握住他的手，趁机我和他谈了很久。谈了很久关于逆境中如何成长，如何应对困难，如何自我管理，以及玩游戏的危害等话题。这次谈话以后，他转变了很多，旷课的次数越来越少，上课也能听课了，也不再故意捣蛋了。

教育不是一天两天的事情。每当他犯错误的时候，我就找他，帮忙他分析犯错误的原因，提出建议帮助他改正，由于他的转变，同时带动了许多学生，班级的纪律好了许多，学习进取性有了很大的提高。

我深信心灵的沟通是教育学生的最佳方法，一位教育家说过："在孩子的心理最宝贵的就是他的自尊心。"要学会保护学生而不是伤害学生，只有教育者心系学生的心灵，情牵学生的内心世界，用心与学生交流，持之以恒，才能使教育走向成功。

正因为我明白这个道理，在工作上我勤勤恳恳，任劳任怨。无论是在业务上，还是师德方面，都时时处处严格要求自我。尽管在教育事业上没干出轰轰烈烈的事业，但我守着自己的教育初心无怨无悔。

我庆幸我是一名人民教师，我自豪我是一名人民教师。我奉献着、我欢乐着、我耕耘着、我收获着。